JN176927

頭をやわらかくする本

一歩先を歩く90の条件

坂川山輝夫 著

まえがき

人間は誰でも「心」を持っている。この心―ココロは一説によると昔は「ココリ」とも言ったという。ココロにしてもココリにしても、それはコル（凝る）に由来しているようである。コルがどうしてココロ（ココリ）になったのかは、日本語にはソソグ、タタク、ツツム、ククル、ススムのような造語があることからもこれは容易に想像できることである。

凝るというのはそのことに専念する、一心不乱の状態になることである。一心不乱の状態とは心を一方向に向けて他を顧みないことである。しかし心を一方に集中させるには、心の働きそのものに柔軟性がなければ不可能である。心にはこういう集中性（凝集性）と転換性（柔軟性）があると考えてよいだろう。

ところで、ここまで「心」と言ってきたことは、実は「頭」のことであるのはいうまでもない。古き良き時代には固い頭で通してきてもよかったのである。いやむしろ凝集性のみが結実した頭脳の方が「ナントカ気質」「ナントカ根性」と言われて評価された。しかし現代のように価値観が多様化し、認識が多層化・多極化した時代には、その変化に対応する柔軟な心―頭の活用が必要とされる。

ナンセンスな小咄にこんなものがある。先輩の新聞記者が後輩に「記事は頭で書くものではない。足で書くものだ」と訓示したら、後輩は足の指の間にエンピツをはさんで、ウンウンうなりながら原稿用紙と取り組みはじめた、というものだが、頭を活用するとは、手や足による労働や作業の代用を頭ですることではなく、どういうように頭の中味を使ったらよいかということである。

すなわち、自分の弱点を知り、どのように生活に生かしたらよいか、同僚や友人から抜きん出るにはどうしたらよいか、この情報禍時代に有効な情報をどのように集め、どう活用すれば効果的なのか、人との接触でどの点を注意しなければならないか等を効率的にしなければならない。

現代は過去のどの時代よりも技術革新が進み、この波及現象は社会に、企業に、地域社会に、家庭に、そして個人にさまざまな影響を与えている。過去の経験則や体験がなかなか自分の考え方や行動の指針とならない時代になっている。流動化のスピードを増す今日にはやわらかな頭脳が必要になっている。

この「やわらかな頭脳」の細胞づくりの要素として、本書が日常生活で身近なガイドになるならば幸甚である。

先に本書は昭和52年、ぱるす出版から単行本として刊行され、数多く増刷された。次に昭和60年、三笠書房「知的生き方文庫」に収められた。今回、太陽出版からの強い要請があり、これを機に全編にわたって現在の社会的・経営的実情に合うべく加筆・改訂して、同じ書名で世に問うことにした次第である。

平成27年1月

坂川《さかがわ》　山輝夫《さきお》

目次

第2章　人から抜きん出る着想……63

第3章 情報を集め・活用する着想……103

第4章 やわらかい頭をつくる着想……123

第1章

自分を鍛え・生かす着想

1 〝生きざま〟を見せられない人間には魅力がない

稀代の大泥棒、石川五右衛門が捕われた時、死刑のやり方はあらかじめ決まっていたという。一つは馬で引き回したうえに釜ゆでにする方法、もう一つは首・胴・手足をバラバラに斬って獄門に曝す方法である。役人は彼の好きな方を選ばせた。

根は小心で臆病者だった五右衛門は、「すぐ死ぬことができるからバラバラに斬られた方がよい」とビクビクしながら答えたあと、さらに「いや待ってくれ、少しでも長く生きられるから釜ゆでの方がいい」と答え直したという。

そして釜ゆでの刑に処せられる時、辞世の句、「石川や浜の真砂は尽きるとも、世に盗人の種は尽きまじ」と詠んだことは有名で、刑場を取り巻いた役人や見物人から賛嘆の声があがったともいわれる。現代でいえば、その死にざまにシビレタということだろう。

人間は死ぬ日までは生きている。少しでも長く生きていたいのは、洋の東西を問わず人間の本能だろう。五右衛門は往生際はうろたえたが、釜の中で生きざまを見せながら死んだということになる。

私たちは五右衛門のような悪人ではないから、日々の生きざまをもっと周囲に示す必要がある。それは自分のためばかりでなく周囲（上司、部下、同僚、家族、兄弟、友人など）のためでもある。

たとえばこんなことを想像してみればよい。定年退職した人が定年後第二の人生を歩むには、今まであまりにも会社に依存していたり、定年後に備えて設計もその準備もしていないために、これといった職場も仕事も与えられない。

なすことなく家でブラブラ寝たり起きたりの不規則な生活では、その家族は父親の過去の栄光を認めるよりも、現時点でのダラダラ生活に嫌悪感を持つだろう。彼がやがて死んだ時、人は心の中で何と言うだろうか。「早く死んでくれてよかった」と。あるいは「まったく晩年は哀れだった」とも。その生きざまは周囲に感銘や影響を与えない。すなわち周囲の人の心の中に彼は生きていないのである。

反対に、日々強烈に生きざまを見せつけられていれば、個体は滅んでも周囲は大きな影響を与えられる。この人が死んだ時、「とにかく素晴らしい生き方だった」「壮烈な人生を送った人だったよ」となる。そして彼の考え方、行動を周囲が取り入れれば、彼は永遠に生きているということにならないだろうか。

生きざまとはこういうものでありたい。こういう意味では、生きざまはセックスアピールである。セックスアピールを失った人間に魅力がないのはきわめて当然だろう。

2 生きがいは自分の内部に存在している

世間には、「誰も私に生きがいを与えてくれないから人生がつまらない」とか、「仕事に働きがいを与えてくれない。やりがいがないからつまらない」などと言って、まじめに生きようとしなかったり仕事を怠ける者がいるが、これらの考えは大きなまちがいである。

〝生きがい〟や〝やりがい〟は人から与えられるものではなく、自分の心で感じるものなのである。

たとえば、私の近所の90歳近い老人は好きな饅頭《まんじゅう》を食べるのが楽しみで毎日生きているという。また知人の重役の80歳に近い父親は「息子が一人前になるまでは頑張らなくては」と元気で建築業を営んでいるそうである。

またM洋品店（東京都）の主人は、自費で交通安全の看板を5年前に1千枚以上も立てて、交通事故をなくす努力をしている。そして「自分の看板で事故がなくなったという事実が何よりもうれしく、そのうれしさにつられて作りつづけてきた。それに人を救っていると思えるのは何よりの生きがいだから」と新聞記者に語っている。

このように、〝饅頭が好きだから〟〝息子が一人前になるまでは〟〝人を救っていると思える〟

などのコトバが、生きている張り合い、つまり生きがいになっているのである。

人が生きがいを感じる事柄は、他人からみれば馬鹿々々しいと思うことがあったり、仕事をはじめ趣味や芸術やボランティア活動など数多く存在する。しかし、これらのことの価値を認め喜びや充実感が得られるのでなければ意味がない。

この生きがいを得るには、それが法律に触れないことなら何事でも一生懸命にやってみることである。たとえば古い例えだが、釘《くぎ》打ちや鋲《びょう》打ちなどの単純作業でも、段取り（手順）や打ち方を工夫改善しながら熱心にやると、〝やるだけのことはやった〟という充実感と快い疲労を感じるものである。さらに作業量や仕上がり具合などから喜びが感じられたら、それがやりがいや働きがいなのである。

こういう感じは何事からも得ることができ、また他人から賞賛されたり他人の役に立つことが分かれば成功感も得ることができる。そして常にこの感じを求めるようになり働くことの張り合いや生きる支えとなった時、あなたの心に生きがいが生まれる。

もし、現在あなたが冒頭で述べたような気持ちがあるなら、まず試しに自分の仕事に精魂込めて取り組んでみることだ。そして前述のように充実感や成功感が得られたら、さらに仕事を続けていれば必ず仕事のことで生きる喜びが感じられるようになる。つまり誰でも、心の中に存在している生きがいを努力次第で感じることができるのである。

3 人間は掛算的エネルギーを保有している

コンピュータは、人間が一生かけてもできない計算を数秒間でやってしまう。またパワーショベルやエアーハンマーは、人間の力を遥かに超えるパワーを持っている。しかし電子機器をはじめ各種の機械・器具は、精巧なものほど部品が一つでも故障または壊れると機能やパワーを100パーセント発揮できない。またクレーンやフォークリフトなども、設計以上の重荷には耐えられない。つまり、部品の総和程度のエネルギーしか発揮できないのである。

ところが人間は、ときには常識では想像もできないパワーを発揮することがある。たとえば、アメリカのある家で乗用車を車庫から出そうとして、小さな男の子を後輪で轢《ひ》いてしまったことがある。このとき父親がジャッキを探してうろうろしていると、子どもが轢かれたショックから我れにかえり、痛みに耐えかねて火のつくような声で泣いた。この声を聞いた母親は無我夢中で、後部バンパーに手をかけて車を持ち上げ夫を呼んだ。父親はあわてて子どもを車輪の下から引き出し妻を見ると、まだ車を持ち上げている。「もういいぞ」と声をかけると「なんとかして!! 膝が曲がらないのよ」と泣き声が返ってきたという。

こういうことは集団でも起こるもので、倒産が間近であると噂されていたある電子部品の小メーカーに臨時に多量の注文がきた。しかし従来の仕事もあり、納期的にも不可能な数量である。といってこれを受注しなければ倒産ということになる。

そこで社長は全社員120名に事情を説明し、協力を依頼した。その結果、全社一丸となって休日を返上し残業や徹夜までして、納期内に仕事を成し遂げ倒産を免れたという例がある。

こういう現象は、昔から「火事場の馬鹿力」というように、緊急事態に直面した場合に無意識のうちに発揮されるもので、これを平和時代に活用しているのがスポーツの世界である。このエネルギーの発揮は、次の数式であらわされる。

目標×達成意欲×（体調＋気力）×技能（知識）＝エネルギー量（仕事量）

すなわち、目標を的確に把握し達成意欲を強く持ち、次に体調が正常で気力が充実しているとエネルギー量は大きくなる。しかし目標達成に必要な技能や知識がなければ何もできないという意味である。

この数式にあらわれたことの一つひとつは、誰でも自分の中に保持しているものである。知識、技能は学習できるし、体調は意志の力で調整が可能である。したがって、普段から学習できることは学習し、体調の維持を心がけてこそ欲する場合に、たとえば、前述の電子部品メーカーのように、前述の数式に見られるような仕事をするエネルギーが掛算的に発揮できるのである。

4 敵でもっとも恐ろしいのは自分の中の敵である

「山中の賊を討つは易く、心中の敵を討つは難し」ということわざのように、目に見える敵よりも自分の心の中の敵の方がより恐ろしいものである。たとえば、あなたが友人に誘われて酒を飲み二日酔いになったために、機械類の操作ミスや帳票、帳簿の記入ミスをしたり交通事故を起こしたら、会社や他人に迷惑をかける結果になる。こういう時、あなたが「ぼくを誘い、飲ましたのは彼だから彼が悪い」というならそれは間違いである。なぜならあなたには、誘いを断ることも飲むのを適量でやめることもできたのに、そうしなかったのはあなたの意志のせいである。したがって前述のミスの責任はあなたにある。

これと同様のことが世の中には少なくない。現代では過去のどの時代よりも、適応異常者といわれる人たちが数多く存在している。たとえば麻薬中毒者、ギャンブル狂、暴力団、暴走族、非行少年・少女、人間ぎらい、怠け者、狂信者、無感動人間などである。これらの人間は社会や周囲の人たちが自分の功績や存在価値を認めてくれないとすねたり、願望がかなえられず自分が不幸なのは、社会の仕組みが悪いからだと居直ったり、世の中の人間が自分の面倒をみてくれないからだなどと思ったりする。あるいは自分のしたことに対する責任のがれや、新しい責任や大きな責任を負いたくないとか、さらに、周囲の人や社会に対して報復したりなどで、意識的、無意識的に適応異常者になるのである。

こういう考えや心の仕組みが人間の最大の〝敵〟で、仕事上の成功や幸福な人生への障害になっている。この敵に打ち勝つには次のことを忘れてはならない。

(1) 人間は社会や他人に認められたいと思っても、実力とチャンスに恵まれなければ不可能であると思い、焦らないこと

(2) 他人を頼りにしても、自分が精いっぱいやっていなければ誰も顧みてくれないこと

(3) 辛いことから逃げても何の解決にもならないし、その結果は自分が背負うことになる。つまり自分の言動の責任は自分が取らなければならないこと

(4) 社会や他人から認められなくても、人間として職業人としてしなければならないことを誠実に熱意をもって行うこと

(5) 自分の現在の悪い状態を他人のせいにしているうちは進歩しない。原因と経過を客観的に考えること

などである。結局、人生は自分の足で歩く以外にはない。歩みを他人に代わってもらうことはできない。すなわち成功も幸福も自分の生き方や考え方によって、獲得するものだということを片時も忘れてはならない。

5 男にとって七人の敵とは自分の顔にある七つの穴と思えばよい

「男は家の敷居をまたいで一歩外に出たら七人の敵がいる」とは、昔からいわれることだが、七人とは他人ではなく、自分の顔にある七つの穴のことであるという説がある。すなわち目、耳、鼻、口の七穴である。煩悩やわざわいはすべてこの七穴から生ずるという。目で見ていろいろ心が移り変わり、耳で聞いて人を怨んだり決心が鈍ったり、鼻で嗅いで心が動揺し、口でしゃべってわざわいを招く。

そこで、この七穴さえ慎むなら悩むことも争うこともなく、心安らかに外へ出ていくことができると言ったのは徳川幕府の老中、松平武光といわれる。

なるほど、この七穴を戒めることばは数多くある。

「口は禍の門、舌は禍の根」「口と財布はしめるが得」「口ゆえに身を果たす」「目クソ鼻クソを笑う」「壁に耳あり障子に目あり」「人の匂いはかぎわけられるが自分の匂いはわからない」「馬の耳に念仏」……。

生物が生活の中でいろいろな活動をするためには、まず外界の状態を知り適応しなくてはならない。同時に、適応するためには自分の内部の状態を知る必要がある。このように内外の状態を知る働きを知覚という。知覚は感覚器官を通して行われる。この感覚器官（視覚、聴覚、嗅覚、味覚、触覚）を通じて私たちに「情報」が伝達される。

したがって感覚にピンときたものは、すなわち知覚された状態である。それがまた外界に適応した自分の姿である。だから、悩んだり心を動かしたりするのは感覚器官の〝適応阻止〟といえなくもない。松平老中の戒めは感覚生理学や心理学にも叶っている。

フェヒナー（ドイツの科学者・哲学者）は「感覚の強さは刺激の強さの対数に比例して増加する」と、生理的・心理的現象を数量的に扱った（フェヒナーの法則）。すなわち、S=Klog I（Kは常数、Iは刺激の強さ）と表わされる。

では、刺激の影響を少なくすれば感覚も迷うことはないと考えて、悩みや悲しみ、怒りの状態を起こさないために、すべて「見ざる、聞かざる、言わざる」で済まされるものだろうか。これでは、ますます外界に適応できなくなり、自分の内部の状態を知ることはできない。

とすると、私たちはどうすればよいのだろうか。「なかなかいいセンスをもっている」「それはセンスの問題だよ」といわれる感覚（センス）を磨く以外にはないだろう。感覚のよさは究極的にすぐれた人間性と結びつくものだろう。

この意味では、絶えずいろいろな刺激を受けとめ、それに対応する感覚を豊富にするという一事に尽きる。

6 挫折、失敗は成功へのエネルギー源である

かつてダスキン社長の故・鈴木清一氏はそれ以前はケントクワックスの社長であったが、提携先のAワックス社に会社を乗っ取られ、社長の椅子まで奪われた。私が氏を偉いと思うのは、氏は信頼していた相手に裏切られたのだから、当然はらわたの煮えくり返る思いもし、相手を憎んだだろうと思ったことである。

ところが、氏はA社に対する恨みごとやグチなどは誰にも一言もいわず、すべての責任は自分にあるとして再起をはかりダスキンを創立したのである。そして常に「今日の繁栄は、A社が私に試練を与えてくれたおかげです」と、合掌し感謝していたという。

また私の知人のS氏は30代のころ、妻が愛人をつくり2人の小さな子どもを残して蒸発した。彼は当時、営業係長だったが周囲の人に馬鹿にされ、そのため昇進は遅れるわ、子どもはいるわで心労が重なり自殺を決意し海辺まで行ったが、無邪気に波とたわむれている子どもの姿に決意が鈍り、気を取り直して、逃げた女房や馬鹿にした人を見返してやるつもりで、死んだ気で仕事に打ち込んだのである。そして営業成績をあげ、また同社はじまって以来という長期的大口取引に成功したのである。こういうことがあって、S氏は50代の現在、営業部長として

活躍中という。

このように人生にはいろいろのことがある。たとえば、信頼していた提携先、上役、同僚、部下、親族、友人などに裏切られたり、失業や、仕事で失敗することがある。これらの経験が原因となって人間を信頼できなくなったり、これらの相手に復讐するための努力をして年月を浪費したりする。あるいは挫折感から自暴自棄になって罪を犯したり、負け犬根性になって人生を無駄に過ごす人間もいる。これらの人間にならないために、また、人生や仕事で成功するためには次のことが必要だ。

まず恨みや憎しみを忘れるために仕事に夢中になるとよい。あるいは自分の可能性を開拓する意味で、苦手なあるいは未知の仕事に挑戦するのもよいことだろう。そうすれば恨みや憎しみごとを考えたり、復讐や自暴自棄になるなどのことで費やす時間は遥かに少なくなる。

倒産、失業、仕事の失敗も同様で、悩み苦しむだけでは何も解決することはできない。冷静にその原因を探求し、方策を考える。そして、その方策にしたがって再出発や再起をはかるのである。

老子のコトバに「道窮まって道生ず」とあるように、新しい方策が得られないのは本当に道に窮したのではないと思い、希望を失わずに努力すれば必ず成功への道は開けてくるものである。

7 自ら退路を断った人間は思わぬ強さを出す

「背水の陣」というコトバがある。これは、戦争のときに流れの急な川や断崖絶壁を背にして敵を迎え討つと、兵士たちが戦うのも死、退くのも死なら少しでも生きる望みのある戦闘に死力を尽くすので数倍の敵に勝つことができるという意味である。

こういうことは個人の場合にも起こるものである。以前、某家電販売会社（東京都）のY常務は20年ほど前に失業し、家電の月掛販売のセールスマンになった。当時は固定給はなく1台契約を取ると、その日のうちに1000円の手数料が入るだけであった。こうして半年間は1台の契約も取れず、退職金も使い果たし借金もし尽くし翌日の生活費もない日がきた。

彼はきょう契約が取れなければあとは一家心中しかない、退路はないのだという気持ちで必死で売り込みに歩いた結果、夕方近くに2台の契約が取れた。このとき彼は、きのうまでの販売はなにか他人や周囲に甘えていたように思えたという。そして自分の仕事以外に人生はないと考え、そのときどきの仕事に努力しつづけた結果、今日の地位を得たという。

ところが「金持ちケンカせず」のコトバどおりに、なまじ財産があるばかりに商店や会社員で仕事に身を入れない人がいる。また倒産の心配のない官公庁や大企業の社員や退職者にもこのようなことがしばしば見られる。これらの人は困難なことや挫折、失敗に対する耐性が弱く、仕事や学習を成し遂げる根性がない。

ところが、Y氏と類似の経験を持つ人や、人生のどん底から這いあがって、この仕事しか自分を生かす道はないのだと思い定めた人は、種々の面での強さや根性を持っている。この強さは逃げ場を持たなかったり、自らの退路を断って捨て身になっていることから生まれるのである。

またこの後者の人びとは、世の中で真に頼りになるのは自分だけであることを身体で知り、他人を当てにしない。種々の努力を怠らず自分自身の能力を信頼し自らを向上させている。

この結果は、前者は定年で退職の後、再就職が困難になる。後者は定年延長、重役就任、系列会社への重役出向などの道を歩み、明暗二つの姿となる。

このどちらを選ぶかはあなたの自由である。しかし、後年悔いを残すのは前者の生き方ではなかろうか。過去に栄光の輝きもなく、未来も灰色の毎日の中で恍惚の老人となり果て、厄介がられつつ死を迎えるかもしれない。これに引きかえ、後者は過去に栄光と充実した思い出があり、毎日が充実したものとなって多くの人に惜しまれて世を去るようになる。

しかもこれは自分の仕事に対して、常に背水の陣の心がまえで取り組んできたか否かで決定される。つまり日々の生きざまが明日の生きざまと死にざまを決めるといってもいい。

8

弾丸はいつも臆病者に当たるものである

踏切りの半ばまで渡った老婦人に「危ない!!　電車がくる!!」と声をかけると立ちすくんでしまうことがある。これに似たことで誰でも経験するのは、駅で階段を駆け昇って、発車ベルの鳴っている電車に乗れるか否かと一瞬たじろいでから、ドアの前に駆け寄ると無情にもドアがしまってガッカリすることがある。これらの場合に立ちすくんだりたじろいだりしないで足を踏み出せば、怪我をすることもないし、電車にも乗れたのに……。

私生活でも職場でも、これと類似の事柄が少なくない。たとえば見合い結婚の場合に、仲人や両親からの圧力に対して断りたいと思っても、なかなか切り出せないでいるうちに、仲人から「お話を進めてもよろしいですね」と強く言われてうなずいてしまう。そして結婚したらこれが悪妻で、文字どおり「一生の不作」を背負う結果になる。似たことは職場にもある。配置転換、出向、左遷人事などを、上役から話されてたじろいでいるうちに、「いいね」と言われ首を縦に振ったために、ひどい目にあうことがある。

こういう目にあう人は、いつでも、どこででも、また何につけても同じような目にあうようだ。当人にすれば不思議でならないから、なぜだろうかと考えても原因が分からないので、自分は運が悪いとか性格が内気だからと思って納得してしまうのである。

ところが、こうした現象を招く人間には二つの原因がある。その第一は恐怖心である。前述の老婦人は死への恐怖心が立ちすくみをもたらし、電車の場合は乗り損って恥をかくことへの恐怖が自分をたじろがせたのである。見合い・職場の場合は、両親や上役や失業に対する恐怖が自分をたじろがせたのである。

この立ちすくみやたじろぎなどが、希望しない結果をもたらすことが多い。当人には不思議でも、決して不思議なことではない。つまり恐怖を意識すると、まず第一に当人の潜在意識がひそかに恐怖することを促すようである。また失敗を恐れるあまり、言動がぎこちなくなって失敗をくり返す。

第二は勇気の欠如である。禅に「百尺竿頭一歩を進む」というコトバがある。これは百尺（約30メートル）の竿の上に立ち、足をもう一歩出せば悟りが開けるのにたじろいでいるので悟りが得られないという意味である。勇気とはこの一歩を踏み出す意志の力のことなのだ。

勇気を出して未知の未来に向かい、失敗を恐れずに前進したり仕事に立ち向かわないから永遠に失敗しつづけたり、不幸を恐れる気持ちが強いから相変わらず不幸でいる。これは戦場で捨て身の勇士よりも、死を恐れて立ちすくんだり、たじろぎ、ためらい、ぎこちないなどの動作の臆病者に弾丸が当たるのと同じ原理である。

9 技量が伯仲していれば体力、気力、知恵のどれかが勝負を決める

相撲の勝負は、「心・技・体」で決まると言ったのは初代二子山親方であるが、このコトバは相撲ばかりでなく勝負のすべてに当てはまる。少々古い例であるが、映画『王将』の中で、将棋の坂田三吉が関根名人との対戦で、指す手に詰まって盤の中央にビシッと銀将を打った。名人はこの手が読めずついに負けるのであるが、事実は意外な手をビシッと打たれた音で、名人の気力が乱れ、読みを誤って負けたのだという。

また昔読んだ武道の本に、技量の伯仲したA・B2人の武士が剣をかまえた姿勢で一歩も動けず、夜を徹して10数時間立ちつづけた結果、Aが勝ち残ったという話がある。技量、体力、気力が等しくて2人とも体力、気力ともに使い果たしたように見えた。ところが、Aは勝負が夜半に及んだ頃からブツブツと何かを唱え出し、夜が明けて昼近くなり、Bが眠気でマブタがおりた瞬間にAが斬りつけて勝ったという。

Aは夜を徹して対戦すれば、眠くなって先にマブタがおりた方が負けであることをフッと考えつき、小声で子どものざれ歌をくり返して眠気を追い払ったのだという。つまりAは知恵でBに勝った。勝負の世界は厳しく勝つか負けるかしかない。

知恵も兵法の一つである。したがって、坂田三吉もＡも、知恵によって相手に勝ったと言えるだろう。これと同様にビジネス社会でも、取引の場や会議室などはまさに勝負の場であるし、仕事もまた勝負である。「技量の同じ仲間が２人以上になったら、各人同士の競争と思い行動せよ」とは、私の叔父が兵役に従事していた時に上官から日夜言われたことだが、ビジネス社会の先輩・同僚・後輩にも当てはまることである。こういう場合に勝利を得るのは気力、体力、知恵のどれかが相手にまさった時である。

そこで、まず体力づくりを怠らず体調を整えるのが第一である。第二は知恵である。これは先輩や上司の仕事のしかたを観察したり、質問する。また書物などによって知識を持ち経験を積んで、これを分析することで得られる。第三は気力の充実をはかる。これは仕事に対する執念（成功意識）から生じるものである。この手本はスポーツ界や碁、将棋界のリーダーに見られる。あなたはこの３つの中の体力や知恵はすでに実行したり、保有しているかもしれない。もしそうなら目標達成への強い意欲を持つこと、組織人としての義務感を強く持つことが気力のもとであることを忘れてはならない。

これは、日常の業務遂行のためにも必要なことである。体力の不調は気力で補い、気力の衰えは知恵が補う。またこの逆もある。こうしてこれらの一つで他のものを補い、相手に対し優位に立たなくては勝利は得られないものである。

10 過去の栄光にあぐらをかいているうちは本当の仕事はできない

出講先でT共済会（東京都）のK人事課長から次の話を聞いた。

「私どもでは仕事の関係から各官公庁を定年退職した人を、毎年20名前後採用しております。誰でも就職当初は喜んでいまして、なかには定時の30〜40分前に出勤して事務室内の掃除をするまじめな人もおりますが、3カ月もすると出勤・退社がルーズになったり、仕事ぶりも不まじめになる人もおります。

前職が局長、部長、課長であった人でも私どもの職場に入れば新入職員です。それに年下の先輩や上役もおりますから、いろいろ不満を持つだろうと思いますし、その気持ちも理解できるのですが、これでは困るのです。これらの人は、2年目の契約更新の時に退職してもらうことにしております」と。

また電車の中で、30代の男性2人の次のような会話を耳にした。

A「先輩、課長が〝Bは近ごろ仕事に身を入れないで困る〟と、部長に話していましたよ」

B「大丈夫だよ、ぼくには○○を開発して会社に大儲けさせた実績があるから、死ぬまで給料をもらってもいいんだ。それくらいは会社でもしてくれるだろう」

2人の話しぶりは冗談とも、真剣とももとれるのだが、これがもし本当なら早晩その誤解に気づかざるを得ないだろう。なぜならこの会社が好景気の時はなんとかクビにならずにいるだろうが、不況になったらいちばん先に整理の対象になったり、人事異動で左遷ということになるだろう。

こういう人は栄光の座から降ろされると、過去と現在とのギャップに不満を抱きそれを言動にあらわすか、前述の30代社員のような考え方になり左遷ということになる。そしてさらにダメになることが多い。

このような言動や考え方は、給料とは現在の仕事を成し遂げることに対する報酬であり、過去の功績や成果に対する報酬ではないことを忘れているから生じるのである。

ことに中途採用の場合の前職の地位は、これくらいの仕事ができるであろうという目安にしかならない。したがって、どんな企業に就職しても、また過去にどんな功績があっても、現在の仕事で実力を発揮しなければ、企業はその人間の存在価値を認めない。企業は社員の現在と未来とによってその価値を決定するのである。だから常に過去の体験を生かして現在の仕事に日々励み、企業や同僚の役に立つ仕事をすることである。

こうして過去に支配されて今日（現在）を誤ることのないように、また今日を精いっぱい働き、生きることによって明日（未来）を支配することを考えなければならない。

11 会社における自分の進路は自分以外の誰も決められない

K社（機械部品）のF専務は、一時期、社内で不思議な男といわれていた。というのは営業部長であったころ、部下からの信頼も厚く得意先の受けも良かった。また仕事熱心で能力もあり、社業を発展させた功績も大きい。そこで販売担当常務に昇格させようとしたが、固辞して受けようとしない。無理に任命したところ、就任早々大きな失敗をして元の部長に降職させられた。すると、またモリモリと業績をあげ周囲を驚かすことがあったのである。

7年ほど前に、私はD社長からこの話を聞いてF氏に会い、話し合ってみると次のことが分かった。それはF氏の青年時代に易者から、「あなたの運勢は部長どまりで、それ以上に出世することがあってもラインの長になってはならない。なれば大失敗をするだろう」と言われたことがあったという。彼は無意識のうちにこのコトバに支配されて常務就任を拒否した。だが社長命令で就任してからは易者のコトバどおりに大失敗をした。

賢明な彼は私との話し合いの中から、自分に対する考え方が誤りであることに気づき考えを改めた。彼はこの1、2年あとに再び常務に返り咲き、現在では販売担当専務として業績をあげている。

こういう例はめずらしいことではなく、多くの人はＦ氏のように自分に対する誤った考え方に気づかなかったり、気づいても考え方を変えられないことが原因で、うだつのあがらない人間や失敗者のままでいるようだ。これらの人は、誰かに言われたコトバやある経験から、自分なりの人生の脚本（生き方）と役割（自分に対する概念）をつくり、これに従って生きているのである。

つまり人間は、自分に対して抱いている概念や脚本の枠の中で生きているのである。そして枠外の事柄には尻込みし、実行する前から「私には無理なことです。とてもできません」などと言って努力しないとか、自分の能力はここまでが限界であると思い込み積極的に行動しない。あるいは本人も周囲も努力しているように見えるが、実は本人は無意識のうちに脚本や役割どおりに行動して失敗する。そして「やっぱり私はだめなんだ」とひそかに安心する。こういうことが潜在意識の作用にはあるようだ。

以上のことからも分かるように、成功するためには自分は成功できる人間であると固く信じ、成功に必要なことを実行する。それがどんな小さなことでもよいから〝できた〟（目標を達成した）という成功経験を数多く持つようにし、何事にも積極的に行動することから始めることだろう。これが成功者の脚本と役割をつくりあげることになり、それ以後の進路を大きく変化させるのである。

12 就職とは雇用主との契約で成立していると思えば言動が変化する

１９７３年の第一次オイルショックによる不況対策の一つとして、各企業では管理職を対象に系列会社への出向、配置転換、賃金カット、職階の格下げ、希望退職などを実施した。この時ある新聞がこれらの対象になった人たちに感想を求めたことがあるが、その中に次のような答えが多数見られた。

「20年間必死になって働いてきて、やっと課長になったと思ったら賃金カットです。そのうえ経理課から営業課への配転とはひどい仕打ちです」

「不況になったからといって退職してくれとはあんまりです。会社が人を雇う以上は、定年まで面倒をみる責任と義務があると思います」

こういう答えをする管理職たちは、就職するということ、つまり会社と自分の関係を、血縁である親子や運命共同体である夫婦などと同じであると考えていたのではないだろうか。だから会社には、万難を排して社員の面倒を定年までみてもらいたい、またはみるべきであるという考えになるのである。これは会社に対する甘えで、間違った考えだ。

たとえ親子や夫婦でも極限状態の中では、お互い人間だから自分が生き残るために相手を殺すこともある。また人間は自分が病気や負傷などの場合には、生命を守るために自分の身体の一部を切除することもある。

会社も人間と同様に危機にのぞめば、会社存続のためには社員の削減も、また経営陣の交代も行うのである。

こういう場合の選考基準は、その社員や役員が過去にどんな貢献をしたか、何十年勤続したかは考慮の対象にはならない。会社が考慮するのは、その社員や役員がこれからも支払う給料に見合う仕事ができるか、または将来会社に貢献できるかどうかで決定するのである。

このことは就職の際の契約にはないことであるが、これがビジネス社会の厳しい掟なのである。したがって、就職すれば定年まで勤務でき生活が保障される、長く勤めれば地位もあがるなどという甘い考えを捨てることである。

就職するということは、就職先に利益をもたらすという義務を果たした結果として、給料をもらう権利が生じるという契約であると考えるべきだろう。

この義務を果たすにはビジネスマンとして、プロ意識を持たなくてはならない。プロ意識とは、常に自分の仕事に関係のあるすべてのことに関心を持ち、絶えず自分の能力向上に努めること。また仕事のやり方を改善し、与えられた任務を、誰にも負けずに成し遂げる努力を怠らないビジネスマン意識のことである。

13 与えられた条件の中で自分を生かせ

現在、各企業の中には、少なからず売上げ減、利益率の低下などで呻吟している会社がある。ところが同じ状況でも、同業種のP社は青息吐息なのに、Q社は笑いがとまらないほど活況だという事例もある。これは、企業努力がものをいっているのである。この格差は社内の個人間にも見られる。

営業マンのZ君はふたこと目には、ウチの製品は他社に比べて高すぎるの、どうもこれといった特徴がないの、シェアが小さすぎるの、テリトリー（担当区域）が広すぎて回りきれないのなどとコボす。したがって販売成績があがらない。反対にZ君のいう条件であっても、みごとに売ってくる営業マンもいる。

とすれば、Z君の成績のあがらないのは客観的な条件ではなく、主観的条件が原因となっているといえる。すなわち、Z君は限られた条件の中で自分を生かしていないのである。

このように条件を十分活用せずに他に尻を持ちこむ人を、私は「他罰主義者」という。もっと市況が回復したら、もっと消費需要がさかんになれば、バリバリ売ってきてみせると犬の遠吠えのように吠える人がいるが、こういう人はそういう市況や需要が増えた時には、さらに売れないだろう。この市況低迷下にみごとに売ってきた人が、苦しい時期に十分な力をつけたエネルギーでさらに爆発的に売るだろうから。

事は販売ばかりではない。女子社員の中にも「雑用ばかりさせる」と文句を言う人がいる。ところがおもしろいもので、こういう女性にかぎってその雑用も満足にできないのである。おそらくこういう恨みごとは「私はもっと重要な仕事をこなす能力があるのよ」という、うしろ向きの示威であろう。

だが、重要な仕事を消化できる能力の有無を見きわめる上司は、彼女が現在の与えられた条件においてどう活動しているかということで判断する。人を理解したり判断したりするためには、何か具体的な場面で、具体的な問題を手がかりにしなければならないからである。その多様な問題をつぎつぎと解決したり消化した実績が「実力」として評価されるのである。

「オレは本気になればこんなもんじゃない」などと、一杯飲み屋でよくオダをあげているサラリーマンがいるが、ではいつ本気になるのかとこちらは口を挟みたくなる。現在おかれた状況で本気にならずに、いつの日に本気になるつもりだろうか。ないものねだりに等しい願望（状況）を待ち望んでいるうちに、エネルギーが枯渇してしまう危険性を考えないのだろうか。

草履とりの境遇時代には日本一の草履とりを、足軽時代は随一の足軽をめざした豊臣秀吉の気概は、現代でも生きた教訓だ。

14 「給料分だけ働けばいい」という考えを再考しろ

「給料分だけ働けばよい」「給料に見合うだけ仕事をすればいいんだ」などと高言する者がいるが、自分の給料をベテラン社員のそれと比較してみたことがあるだろうか。入社1年目の社員に対して、ベテランの十年選手は10倍の給料をもらってよいはずだが、せいぜい2〜3倍だろう。

その先輩たちに、「あなたは現在の自分の働きにふさわしい分だけ給料をもらっていますか?」などと聞けば、殴り倒されるかもしれない。ベテラン社員はヤング社員の給料と比べてみた時、それにこだわるならバカバカしくて仕事をする気にならないほどの安さである。

では、先輩はなぜ安月給で働いているのか。仕事と給料をすぐ結びつけて考えないから働けるのである。仕事によって自分が社会の一員と遇されていることを肌で感じとっているからである。仕事によって自分が向上し、知恵を出し、より多くの人びとの信頼が得られることを、長い体験でヒシヒシと実感しているからなのである。

先輩たちは職場を人間修行の場と考えている。さらに自分の存在を突きつめて考える人は、「仕事の報酬は仕事だ」とさえ考える。仕事の報酬は金銭に換算されない社会的信用という形でもたらされると考えるわけだ。こういう報酬を私は「社会給」と呼ぶ。

もしあなたが「給料分だけ働けばよい」と割り切るならば、あなたを育ててくれた両親・兄弟たちがあなたに給付した食費や教育投資を、あなたはキチンと支払っただろうか。30万円、50万円の給料をいま得ている陰には、生まれてこのかた、あなたを育てるために何百万円、何千万円もの金銭を費やした人たちがいるのだ。それを立派に返済したうえで言うなら問題は別である。そうでなければ、その何百万円、何千万円もの投資を、仕事をすることで社会に還元しなければならない。それは両親や兄弟に対する還元と同質のものになる。

両親をはじめとして人びとに対する過去の負債を仕事を通じて社会に還元することが大切で、給料はその還元料の利息であると考えてみたらどうだろうか。

学校で優等生の折紙をつけられた新人でも、先輩たちに一つひとつ仕事を教えてもらい、期待に応えなければ、給料をもらう資格はないはずだ。そうして先輩の世話になってようやく仕事ができるようになっていくのである。ましてロクな仕事もせず、ノホホンと何年も職場に住みついて「給料分だけ働けば……」などと言っている古参社員などは、社会還元料のツケもだいぶ貯まっているに違いない。

この種の人は老化してくればやがて可愛いい子どもからも、虐待・無視・遺棄というツケが回されてくる。働くことの意義を教えられなかったツケである。

15 「自信を失った」「自信がある」は思いあがりである

「どうだった?」

「やはりダメでした。申しわけありません」

「まったくしょうがないなァ」

「どうもきょうは自信がなくて……」

「じゃ、きのうまではあったのか?」

「いえ、きのうもなかったのです」

「きのうまでなかったものが、またきょうなくなるわけないだろ、エエ?」

上司や先輩が部下(後輩)をネチネチいびっているかのような会話だが、これは上役(先輩)の方が正しい。

人は、まず自信があってそれから物事を遂行するだろうか。物事を遂行した結果、自信が身につくのだ。「自信がない」と人によくこぼす人ほど何事も積極的にやろうとしないものである。そのくせ「自信ができたらやります」「早く自信をつけるようにします」などと言う。こういう人は、ではどうしたらその「自信」なるものが身につくのかということまでは考え及ばないようである。自信ができたら何でもやるというのは、たとえていうならば、車の運転が上手にできてから、初めて運転席に座ろうというもので矛盾もはなはだしい。

私たちは多くのことを自信があってやるのではない。自信がないままに我慢してやっている。そのうち自信が生まれるのである。問題は「自信」ではなく、「やる気」である。やればできることをやらない。やらないから新しい視野や角度を持つことができないのである。「やったことがないからできない」のなら、あなたは今まで何もできなかったはずである。

反対に「その件は私が前にも担当したので自信があります」という人も実は危険である。こういう人は「過信」に近い。一般的に「自信がある」と断言する人ほど、まず第一に過信が多い。過信を持つ人は自分の流儀を表面に立てる傾向が強い。すなわち人の意見や批判を受け入れる前に、自己に固執するから、柔軟な思考や行動ができなくなる。

第二に、自信過剰な人はどことなくイヤミが少なくない。鼻もちならない態度が人に不快感を与える。第三に過信の多い人ほど、他人に「自信を持て」と安易に強制しやすい。どうすれば自信が持てるかと悩んでいるのに「自信を持て」では解決法にはならない。

「自信を失った」「自信がある」――このコトバを簡単に口に出す人ほど、事実やその流れ（推移）を忠実に把握するよりも、自分を表面に立てすぎるきらいがあるようだ。「自信」を口にする前に、与えられた事実や状況に真摯に取り組むことが必要だろう。

16 言いわけのもっとも悪いのは、自分に対する言いわけである

酒好きの人は、何事でも酒を飲む理由にしてしまう。花が咲いたと言っては飲み、悲しい、口惜しいと言っては飲み、嬉しいと言っては飲んでいる。これと同様に何事によらずまず言いわけから始める人がいる。たとえば仕事を仕上げて上役に「来客があって時間がなくて、うまくいきませんでした」とか、「急いだもので字が汚いのですが」と言ってから書類などを提出する。

こういう人は、新たな仕事を指示されると、「私には無理だと思いますが」「私でよいのですか、初めてのことで自信がありませんがどうしてもとおっしゃるのでしたら」などと言ってから引き受ける。そして失敗すると心の中で「最初からできないと思ったのに、上役がやれというからやったんだ。だから私は悪くない」などと思い、自分の失敗の原因を探求し自己を改善しようとしない。

この言いわけの多い人ほど私生活でも仕事の面でも、新奇なことには手を出そうとはしない。これには二つの理由がある。

その第一は、失敗をすると心が傷つくので安全第一を心がけ、どうしてもという場合には失

敗の時の用意に自分と他人への言いわけを考えてからとりかかる。

第二に負け犬心理がある。犬は絶対に勝てないと見きわめた相手や一度闘争に負けた相手には、床や地面に身体を仰向けて腹を見せ刃向かう意志のないことを示す。人間にもこれと同様の心理がある。現在までの人生で重ねた失敗により、自分に対する自信を失い可能性を信じることができないのである。そしてこのために手慣れたことや、絶対に失敗しないと思うことにしか手を出さないし、また出せないのである。

しかし、人生ではどうしてもやらなければならない新規なことや苦手なこともある。ところが、この種の人はこういう場合にはできない理由を考えたり、失敗の時の言いわけをまず考えるようである。それでもどうしてもやらなければならないとなると、例えば軽い病気になったり、手慣れたどうでもよいことを熱心にやって新規なことや苦手なことへの着手を遅らせるか、やらないですませてしまう。そして「～だったから仕方がない」と自分に言い聞かせ、自分の行為を合理化してしまう。

このような心理を持っている限り、人間は意欲的に自分の能力を向上させて、世の中や企業や家族のために役立つようなことができるわけがない。

積極的な言動をすることから始めて、一日も早く言いわけをしないで何事にも取り組むことができるようにしなければならない。

17 グチや捨てぜりふは呑みこむもので、コボしたり吐いたりするものではない

昭和初期の流行歌に「男なら」という演歌がある。今でも宴席や忘年会で年輩の人などに歌われるが、この一節に次の歌詞がある。

〽男なら　男なら
グチは言うまい　嘆いちゃならぬ
それで済まなきゃ　人形のように
顔で泣かずに腹で泣け
男なら　やってみな（西岡水朗作詞）

人は思いどおりに事が運ばない時、ついグチの一つや二つは言ってみたいし捨てぜりふ（憎まれ口）をたたきたくなることもある。だが、グチをこぼしたり、捨てぜりふを吐いたりすることで問題は終わるのではなく、実はそこから問題は始まるのである。世の中には人の顔さえ見ればグチ、泣きごと、捨てぜりふを口にする人がいる。本人はそれによって胸のつかえが取れたかもしれないが、聞いた方は愉快にはならない。それらを聞いても何のプラスにもならないからだ。尾籠な話で恐縮だが、グチ、泣きごと、捨てぜりふの類は大小便のようなものであ

る。する方はさっぱりするだろうが、ひっかけられる方はたまったものではない。

グチや泣きごとは、まず第一に自分がみじめになるだけである。他人の同情を得るよりも憐まれたり、軽蔑されるだけである。クラブやバーなどでホステス相手にクドクド泣きごとを並べている酔客がいるが、ホステスは口では「たいへんねえ」などと同情したかのように言うが、腹の中では「こんな人を上司（部下）に持った人はたいへんだろうな」「こんな人の奥さんは気の毒だわ」と思うだけである。

第二に、グチや泣きごとは問題解決力を失わせる。消極的・後退的な姿勢だからアイデアも生まれてこない。浮かんでくるのは否定的・不可能といった陰性な発想が多い。

第三にすぐグチをこぼす人は、いつのまにか、問題発生↓グチ、泣きごとという回路が頭脳に配線されてしまう。むずかしい問題、頭を使う仕事、忍耐の必要な折衝の場合に、すぐ条件反射的にこぼしはじめる。これでは、できることもできなくなる。

捨てぜりふを吐くことは自分で自分の気持ちを荒々しくする。荒々しい気持ちでは行動も荒々しくなる。当然のことだがキメこまかい配慮はできないから、結果も思わしくない。ますます何かに当たりたくなろうというもので、結果的に損をするのは他の誰でもなく自分なのである。自分で自分を失敗に追いやっているようなものである。捨てぜりふも若いうちはご愛敬でよいだろうが、分別のある大人が吐こうものなら品性を疑われてもやむを得ないだろう。

18 消極的性格の人は肯定的なコトバを使うことで積極的人間になる

筆者が主宰していたセンター主催のセールスセミナーに参加したS氏は、某保険会社（東京都）のセールスマンである。上司のT支社長の電話では、彼がやる気の旺盛なわりに契約成績が悪いのは、彼の内気のせいばかりではないようであるという。そこでセミナーが終わってからS氏と話し合った結果、次のことが分かった。彼は一人っ子で厳格な父と甘い母とに育てられ、父親は会社の倒産とともに自殺し、彼は大学を中退して二、三の会社に勤めたのち、現在のT支社に入社したという。ここに彼の内気と押しの弱さの原因があることが分かった。つまり、父からは「だめなやつだ」「それでも男か」などと否定的に言われ、母からは「そんなにしなくてもいいんだよ」と、救済されて成長したという。このことが彼の後年の性格になってしまったのである。

このように人間は、乳幼児から現在までの評価——自己評価、他人からの評価、第三者からの評価などにより自分なりの世界観を持つようになる。これが否定的であれば破壊的、あるいは消極的な人間になり、肯定的であれば楽天的、あるいは積極的な人間になる。したがって、自分が消極的な人間だと思うなら、日常の事柄すべてにできるだけ肯定的なコトバや身振り・

表情を出すことで積極的な人間に変わることができる。

たとえば表情もにこやかにし、胸をはって端正な姿勢で元気よく力強い歩き方をする。コトバも「できます」「私は元気です」「いまに高い地位につく」「いま私は幸福である」「仕事も順調に発展している」「次第に積極性が強くなっていく」などの肯定的なコトバを使うようにするのである。

前述のS氏は、「私の契約成績は次第によくなる」「私は強い人間になりつつある」などというコトバをカセットテープに吹き込んで毎日10分ぐらい聞いたり、朝晩に頭の中や小声で何十回となく唱えたり書いたりした。と同時に、何事にも肯定的な表現をするようにした結果、だんだんに成績が向上し、2、3年後にはT支社のトップセールスマンになった。

さてこの方法は、フランスのエミール・クーエ（クエイズムとも呼ばれる自己暗示法の創始者）が診療に用いた方法である。しかもこのやり方は世の成功者が意識的、無意識的に活用しているものである。「彼も人なり我も人なり」というコトバのように、S氏や他の成功者に効果があるなら、どんな消極的な人間にも、この継続的実行は実効をもたらすだろう。

目標まで1000キロの道でも一歩一歩と歩いていればいつか到着するが、10メートルの道も歩かなければ絶対に到着できない。実行しなければ何も得られないのである。肯定的な考え方と言動をとることで、人は積極的な人間になることができる。

19 被害者意識は成長発展の妨害になる

J電算機（東京都）のO人事課長の話によると、ここで取り上げるK氏と同期入社の人で、早い人は部長、遅い人でも主任になっているという。能力主義の同社では20代の課長もいるのに、K氏は30数歳になっているのに平社員である。

これは彼が20代の時に、同僚や後輩が自分より先に主任に昇格したことがあり、以来、彼は被害者意識を持つようになった。そして「この会社は人を見る目がない」とか「ぼくは上役ににらまれているからだめなんだ」と言って、自分の能力を向上させる努力をしない。したがって、いつまでも業績がよくならない。

被害者意識はこのように自分の現状を〝差別されている〟〝迫害されている〟〝搾取されている〟などと社会や他人を加害者に見立てるものと、劣等感が原因となっているものがある。たとえば「自分には学歴がないから」とか、「片親だから正当に扱われない」などと思い込むのである。これを俗に〝ひがみ〟という。こうして人間は誤った自分の考え方や行動を正しいものと思うのだが、これでは仕事に成功することもできなければ幸福にもなれない。

なぜならこういう被害者意識やひがみからは、自分のことを反省し検討して能力の向上や性格の改善などをはかる気持ちは生まれないからである。また他人の善意からの親切やいたわりなども、何か下心があってのことではないかと疑う。また周囲からの助言、注意、賞賛、叱責なども悪意に取って拒否したり、逆恨みする。

そこであなたが何かの結果について、「自分が悪いのではないか」とか、「学歴がないからだ」とか、「これは何かの下心があって」などという考えを持ったならば、「被害者意識ではないか?」「ひがみではないか?」などと考え、素直に原因から結果に至る過程を分析してみると、その責任の所在が分かるだろう。

また他人からの説得、叱責なども自分に対する愛情があり、また価値を認めているからだと善意に受け取ることである。そして改めるべき点は改め、学ぶべきことは学ぶように努力することが自分を成長させるのである。

さらにあなたが強い劣等感を持っていたら、そこにこだわってひがんでいるだけでは何も進歩しない。むしろ、その劣等感を補う仕事や、社会や他人の役に立つ能力を持つようにすることである。

そして〝少なくともこの能力だけは周囲のだれにも負けない〟という誇りを持てば、いつしか劣等感は小さく弱いものになるだろう。これは成功者といわれる人たちの心理的な一面なのである。

20 ユーモラスな感覚を身につけたければ、まず自分を戯画化することである

「彼もなかなかいいやつなんだが、どうももう一つ柔らかさが欲しいところだね」

「頭の切れる人だが、あれだけでは大成しないね。ユーモラスな面があれば、もっと人は彼の回りに集まるのだがな」

こういう人が噂をされていることを聞き、内心「それもそうだ」と思って、寄席に行って落語からユーモアや笑いを身につけようとしたり、ギャグを仕入れたり、新聞や週刊誌の小咄を覚え込んでも、まずユーモラスな感覚を身につけることは不可能だろう。これらのことを語っても雰囲気はますます固くなるだけである。

それは、肝心なことが欠けているからである。〝われ賢し〟の立場を捨てずにいるからだ。つまり、張りつめた自分はそのままにしておいて、口先だけでユーモラスなムードを醸成しようとする無理があるからである。

ユーモラスな感覚や雰囲気で周囲をなごやかにしようと思えば、まず自分を客観視すること、戯画化することである。結果論になるが、間が抜けた人とか、「あいつはときどきトンマなことをしでかす」などと言われている人は、案外ユーモラスな雰囲気を周囲につくったり、その

感覚を身につけているのではないだろうか。

子どもが大人っぽいことをすると、私たちは「あの子はこましゃくれている」と言う。しかし、大人が子どもっぽいことをすると、「あいつ、ときどき子どもみたいなことするからなァ」とか、「あの人ったら子どもっぽいところがあるのよ」となる。大人のくせにどこか欠けている点がユーモラスになるのだろう。そこには行為の意識や、われ賢しの立場はない。

自分を客観視できる心の余裕、それに多少のトンマな行動が伴うと自分を戯画化することができる。若くて美しい女性が、「わたしって実際バカだわ、こんなことをこの前やっちゃったのよ」と淡々と語れる人はユーモラスな感覚を身につけているといえよう。こういう女性はまた、逆に人のユーモアを理解できる人である。もっとも「わたしってバカよ」が本物では困るが……。

男性でも、「オレはどうもどこか抜けていてね」などと平気で語れる人は職場全体の空気を和ませることができる人である。自分を少しも飾らずに客観的に描写しているその雰囲気が、ほのぼのとしたユーモラスな感覚を身につけていることを感じさせるのである。

自分を戯画化できない人と話をしていると、私たちはどうも肩が凝り息がつまる感じがするものである。うかつに同調もできないし、さりとて否定したらどうなるかと、一刻も早くその話が終わることを願っている。こういう人の周囲に人が集まらないのは自然の成り行きだろう。

21 時には自分を見つめなおす必要がある

(1) 他人から見た自己を知る

家族、上司、友人、知人などに自分の性格や言動の長所と短所をできるだけ率直、詳細に書いてもらう。ただし、これらの人で自分に好意を持っている人からの評価は、とかく甘いものになるので注意して判断するとよい。さらに自分に悪意を抱いている人にも依頼すると自分の盲点を突かれ、たいへん参考になるものである。

(2) 自己を分析する

自分をすなおに見て特に短所に重点をおいて書き留め、評価の理由を時間をかけて納得するまで正しいか否かを熟考してみる。2回、3回とくり返しやってみると、より正確なものができるだろう。

(3) 仕事に関する自己を知る

これは(1)(2)と同様に、仕事を遂行する上で欠けている点や、将来に向けて必要になるだろうと思う能力を書き留める。そして上役、同僚、部下、関係先の社員にも同じことを依頼するとよい。

以上のことが終わったら⑴⑵⑶の評価表を照合すると、他人が見ると長所であることが自己分析では短所になっていたり、この逆になっていることが多く、一致していることは少ないものである。そこでその不一致の事柄のどちらが正しいか、どちらが納得できるかを考えてどちらかに決定する。こうして〝短所〟〝能力の欠陥〟〝将来必要である能力〟が確認できる。また改善と学習を必要とすることも分かる。

⑷　自己の願望（希望）を分析する

人はある年齢になると現実的に「○○になりたい」、「△△のような生活がしたい」などと願望を持つようになる。反対に、社会人生活に入ってから5年、10年、時には2、3年後に現在の仕事や生活に対して原因不明の不満やむなしさを感じることもある。

この原因はいろいろあるが、最も多い原因は現在の仕事と潜在化している幼児時代の願望との不一致があるからで、時にはこれらが葛藤を起こしてノイローゼになることがある。

そこで原因不明の不満、むなしさなどを感じたら、〝なぜ〟〝どうして〟という疑問を自分に投げかけて、潜在化している願望を知るのである。そして仕事を代えられないとか家業を継ぐとかで、真の願望が充足し得ない場合には、これと現在の仕事との調整をはかることが必要である。たとえば、柳原良平画伯は、幼年時代の夢である船員になる代わりに船舶の絵を書き模型を集めているという。このようにして満たされない願望を調整するとよい。

22 「しきる」習慣が積極的な性格をつくり上げる

失敗するとそれをいつまでも心に留めて忘れない人、心配事があるとクヨクヨして夜も眠れない人、試験や催事の2、3日前から緊張して食事がはかどらなかったり、反対に下痢をする人など、このような人は世の中には少なくない。ところが、こういう事態になってもじっくり睡眠をとったり、常と変わらぬ食事量の人もいる。後者を評して人は「彼は楽天家だから」とか、「物事をじっくり考えない性質だから」などと言う。なるほど、なかにはそう言われている人もいるが、みごとにしきっている人もいるものである。

しきり（仕切り）とは、「間を隔つ」「帳面の決算をする」「物事の決着をつける」などの意味で一般的に使われるが、ここでいうしきりとはあれはあれ、これはこれと心の中でケジメをつけることである。割り切ってしまうことである。割り切ってしまうのだから、不安は不安として、不満は不満として心の片隅に残したまま隔離してしまい、他に影響させないようにすることである。

こんな器用なことができるかと思うかもしれないが、私たちは結構日常生活で「しきり」を使っているものである。「ま、やってしまったことは仕方がない、しかし今後は気をつけてくれよ」と上役が部下を諭したり、細君からお隣りでこれを買ったからウチでもと催促された時、「隣はトナリ、うちはウチだ」と亭主が声を張り上げるなど、みなしきりの活用である。

このように考えると、しきりは、いつまでも一つのことにこだわって、ああでもない、こうでもないと思いわずらうより、どれだけ精神衛生上、有効か分からない。しきることの効果には以下のようなことがある。

(1) しきることによって生まれた（残された）エネルギーをほかに転化できる
(2) 割り切ってしまうのだから、エネルギーを合目的的に活用できる
(3) 周囲に太っ腹な人間と思われる
(4) 思いきりのよい人間であると信頼感を持たれる

などである。

ただし、しきりとは何事についてもすぐ「仕方がない」とあきらめたり、目的達成のために中途半端な努力しかしないということではない。不安や不満、失敗をそれはそれとして処理し、絶えず目標達成をはかっていく前向きの姿勢のことである。

「それは分かっているが、どうも性格的にできないのでね」という声が聞こえてきそうだが、性格的因子があるとするなら、なおさらしきる習慣を身につけなければならない。だいたいやる気がなかったり、難しいと思うとすぐ性格を持ち出す人が多いのだから。

23

段階的に耐性を養うことで消極的性格をなおせる

「ファウスト」などの名作を残した作家のゲーテが「私は少年時代大きな音が恐ろしかった。そこでその弱い性格をなおすために、太鼓やその他の楽器を打ちならす楽隊が街を通ると、一日中、その後についてまわったことがあった。また高い所に登るのが怖かったので、わざと高い崖に登ってはその場に立って谷底を覗いてみた。こうして弱い性格を克服していった」と書いているのを読んで、私は感動したことがある。どの本に書かれてあったかは忘れてしまったが、「あの偉大なゲーテでさえも、そうした自分の性格の弱さと戦うために努力したのか」と私はゲーテに親近感を持った。ここに消極的性格をなおすヒントが隠されているのではなかろうか。

一般的に消極的性格の人は積極的な人に出会うと、「どうして自分はあのようになれないのだろう」と比較して悩むようである。しかし、物には順序というものがある。消極的な人が翌日からガラッと積極的になるということはあり得ないだろう。段階を踏むことが必要である。

それは、作家であり政治家でもあるという多面的な才能を持っていたゲーテでさえも、自分の弱い性格をなおすために段階を踏んでいるのを見ても分かる。まず音に対する恐怖心を克服し、次には高所恐怖症をなおすという手順を踏んでいる。それによって恐怖心に対してだんだん「耐性」を身をつけていった。

「耐性」とは「病原菌などが、環境条件や一定の薬物に耐えて生きる性質」（『岩波国語辞典』）を意味している。消極的な性格の人は、恐怖心や不安感などに対する「耐性」ができていないから引っ込み思案になってしまう、と考えてよいだろう。

そこでこのゲーテの例にならって、自分は何に対して恐怖心があるのか、どういう時に引っ込み思案になるのかノートに書いてみることである。そしてそれを一つずつ克服していくことである。

たとえば、消極的で人と話すのが苦手ならば、「あすは誰でもよいから少なくとも1人と話をしてみよう」と目標を立てる。それが達成できたら次は目標を2人にする。やがて3人、4人……と増やしていく。こうすることによって人と話をするのが恐いという恐怖心に対して「耐性」が身につくことになる。

あるセールスマンは内気な自分をなおすために、自分から希望して事務部門から営業部門へ身を投じた。「人と話をしなければならない立場に自分を追いやった結果、消極的性格をなおすことができた」と彼は述べている。毎日のように人と接するうちに耐性が身についた結果である。このように段階的に耐性を養うことで積極的性格に変身できるのである。

24 進んでやるのは上の上、真似てやるのは中の中、言われてやるのは下の下

多くの企業と10年間も交際してみると、種々のことが分かる。たとえば経営者の性格と社員の士気との関係、会社の発展性の予想などができるものだが、とくに新入社員の仕事ぶりなどがよく分かっておもしろい。その中で興味深いのは、社員の態度と成長と仕事ぶりには密接な関係があり、仕事ぶりで昇進の予想ができるということである。この新入社員時代に見せた態度や仕事ぶりが良いものであれば昇進も早く、悪ければ永年ヒラ社員という予想ができる。

この昇進の早い社員の中には、新入社員研修を受講するにも熱意があり、研修中から誰も指示しないのに進んで研修担当者の手伝いをしたり、講師の身のまわりのことまで面倒を見る新人がいることがある。

こういう社員は研修後に配属先が決定し、上役、先輩へのあいさつがすむとすぐに、「何をすればよいのですか」と仕事のことを聞いて、どんな仕事でもすなおに取りかかり、それが終わると次の仕事の指示を求める。そして2、3カ月もすると自己啓発を意欲的に始めるし、自分でできる仕事は指示されなくても処理する。それがない時は上役に次の仕事の指示を求め、さらに月日がたつと、自ら進んで仕事の改善や提案を頻繁にするようになる。職場のリーダー

にはこのタイプが任命されることが多い。上の上といってよい社員である。

一方、その場その場の変化に応じて、周囲の動きを見ながら一応のことは実施する社員がいる。仕事の出来ばえは可もなく不可もないといったところ。こういう社員は中の中といってよいだろう。ビルや商業施設でいうなら「中2階」的存在で結構繁昌している。その位置は1階と2階の間で、上でもなければ下でもない微妙な位置関係に存在している。訪問客も気軽に立ち寄ることができる。

そうかと思うと何年たっても仕事の面でも自己啓発でも、同僚・先輩の真似ばかりしていて自主性がなく、何をするにもまず先例や他人はどうやったかを重視する社員がいる。こういう人は何年経験を積んでも、指示された以上の仕事や、日常業務以外の仕事は指示されなければしない。だから定年まで勤めても会社に対して、目立つような貢献をしたり、業績を残すことがない万年ヒラ社員で、下の下といってよい社員である。

さて、あなたは現在、上・中・下のどれに属しているだろうか。もし〝中・下〟であってもあきらめてはいけない。アメリカの心理学者ワトソンが、「性格は種々の習慣の総合である」と言っているように、自己改善の努力次第で、〝下〟から〝中〟へ、〝中〟から〝上〟へと変化することができる。「なれないのではない、ならないだけだ」というコトバのように、あなたの地位はあなたの意志によって種々の習慣を改変することで決定するのである。

第2章

人から抜きん出る着想

25 計画性のない自己啓発は舵のない船と同じである

「自己啓発」が流行語のようにビジネス社会で叫ばれた時代があった。今から20～30年前の高度成長時代のことである。ところが当時、何を、どう自己啓発しているかと聞けば、男子社員は読書・通信教育・資格の取得・スポーツ・研修会参加という答が多い。女子社員にいたっては稽古事・旅行・読書などである。

私の知人は会社の〝自己啓発運動〟に応えて、好きではなかった読書をモリモリ実行し、おかげで不眠症になってしまった。こうなっては「自己啓発病」である。

自己啓発が思うように進行しないのは企業・マスコミ・本人に責任がある。まず企業側は自己啓発のための援助に力を入れすぎた。そのために社員は援助方法や手段に無節操にとびついた。マスコミはさかんに自己啓発の意義を説いたり、そのための方法や機関をこれまた総花的に取りあげた。だが、自己啓発というのだから、問題は本人の責任に帰せられるべきものである。ところが実際に、自分が何をしようと思っているのか、どうしたいのかを具体的につかんでいる人はあまりいないことに驚く。目的の自覚も計画性もないのである。だが、今こそ真の自己啓発が必要だろう。

自己啓発にはそのための自己管理が必要であり、自己管理にはその手段や計画がものをいう。その手段や計画とは――

(1) 目標（目的）を設定する――手段と計画は目標と表裏の関係にある。目標あっての手段であり、手段は目標によって選択され計画されるものである。

(2) 具体的な目標を立てる――資格をとる、免許をとる、外国語をマスターする、必要な知識や調査を遂行するなど。

(3) 障害条件を排除するにはどうすればよいかを立案する――時間、金銭、環境などの目標遂行に妨害になるような種々の条件をリストアップし、それを排除する具体的計画を決める。

(4) 期限を決める――いつまでにという期限を決めて、その進歩度を月1回チェックし、進捗度合を検討することである。

(5) 視覚化（図形化）する――目標の達成や計画に関係ある事項やリストは、できるだけ文章よりも視覚化（図形化）する方がよい。これによって自分に対する動機づけがより一層強化され、行動化されやすくなるからである。

プラン（plan）――ドゥ（do）――シー（see）は職務の遂行だけに必要なのではなく、自己啓発にも欠くことのできないシステムである。「自己啓発」を文字どおり自分の可能性の開発として取り組むなら、地についた足どりであなたなりの計画を立てるべきである。

26 ヤル気のない人間は自ら病気をつくってその中に逃避する

ある菓子問屋の重役から、「私の会社では毎月きまって月末の25日頃から病気になり、31日の夕方になると全快する従業員が3、4名いるのですが、なんとかならないものでしょうか」という相談を受けたことがある。

この従業員たちを調査してみると、勤務状態は良好で販売成績もよい。ただ月末になると2、3日病欠をとることが、他の従業員に比較すると多いのである。

これらの人に得意先や仕事のことを聞いてみると、各人の得意先には支払いの良くない店が2、3軒あるのが共通している。さらにこれらの得意先の店主は口が悪く、2度3度と集金に行くたびに「卸値が高い」とか、「サービスが悪い」などとさんざんいやみを言ってから渋々と代金をくれるので、集金に行くのがいやで仕方がないと異口同音に言っていた。

この調査で判明したのはこのいやで仕方がないということ、裏返せばいやな目に会いたくないというのが彼らの病欠の原因だったということである。

この現象は戦場でも見られることである。たとえば戦場では、兵士の中に突然発熱したり、また精神錯乱状態を起こす者が多数いるという。こういう兵士の病気は仮病ではなく、実際に熱もあり痛みもある。ただやはり作戦の開始直前に発病し、作戦終了と同時に治癒することが特徴である。すなわちこういう行動で、自らの体面を汚すことなくいやなことから逃避しているのである。

このように平和時でも戦時でも見られる現象は、ときにはスランプの時期に多発することもあるし、ノイローゼとなって長期にわたることもある。この原因は、意識の上ではやらなくてはならないと思いながらも、潜在意識にはやりたくないという強い願望があるからで、自意識過剰、神経質、意志薄弱、順応性過度、見栄っぱりな人などに多く見られる現象である。

このことは、生来身体が虚弱な人でも、仕事の価値に目覚め意欲が強くなってからは、病気一つしなくなった人がいることからも証拠づけられる。また、私の体験や仕事に燃えている友人たちを見ていると「病は気から」というコトバが真実であると、しみじみと実感できるのである。

以上のことから言えることは、病気で仕事を休むことが多いとか虚弱体質であると思う人は、自分の仕事の価値づけと意欲について考えてみる必要があるということである。そして仕事の価値づけが低く意欲がないなら、価値を見直し意欲を強く持つことである。

これをしなければ、自らがつくった病気の中へ逃避することのくり返しで、中高年になってから後悔ばかりの日々を過ごすことになるだろう。

27

最悪を考えて事に当たれば心にゆとりが出る

「可能性を発揮したい」「もっと自分に納得できる仕事がしたいと思いまして……」などの理由で、組織を離れていわゆる〝脱サラリーマン〟をめざす人がいる。こういう人から相談を受けるたびに私は「最悪の状態を想定したことがありますか?」と聞いてみる。

すると、ほとんど全部の人から、「いいえ、その点は大丈夫です。今より悪くなることはありません」という答えに接する。なぜかとさらに問えば、「今度独立すると出入りの業者にそれとなく洩らしたら、諸手を上げて賛成してくれました」「いままで面倒を見た人たちが『ご恩返しにできるだけのことはさせていただきます』と申し出てくれました」などの甘い答えが多く返ってくる。もちろん、脱サラや独立しようとしている人は、今まで接してきた得意先や下請け、出入り業者の甘言だけをアテにして踏み切ったわけではなかろう。また、マスコミの「脱サラ成功談」なる記事にも刺激を受けている面が多いと思われる。

だが、考えてみれば、すべての脱サラ組がすべて成功している実証はない。ましてマスコミで取りあげられるのは〝九牛の一毛〟である。失敗しているケースの方が何十倍も多いのである。(失敗談を書いてもマスコミでは売れない)。周囲の人間の激励や助力も、口約束や外交辞令が多い。なぜなら脱サラで成功すれば、こういう周囲の関係者は1軒得意先が増えるし、失敗しても自分が出資したわけではないから腹は痛まない。

さらに、取らぬ狸のナントカで事を始める人が多い。これを抱負と言ってしまえばそれまでだが、最悪を考えておくことも現状から脱出すべきかどうかの際に必要なことである。もしも、たとえば1年間、全然思ったとおりに事が運ばない時でも、妻子を養っていけるのかどうか、志と違って打つ手、打つ手が裏目に出た場合でも食うに困らないのか……など、ここまで考えたうえで踏み切ったかどうかなのである。

「そこまで考えたら何もできない」と反発もあろう。決心も鈍るだろう。だが最悪を考えずに事を起こして失敗し、いつまでも取り返しのきかない後悔の臍《ほぞ》を噛むよりも、最悪を考えてなおかつヤル気のある方が、事は成就しやすい。なぜなら、失敗してもそれだけの決意は固めてあったのだから、誰を怨む筋合いもないわけである。

ここに述べたことは必ずしも脱サラ志向組の人に対してばかりではない。組織生活を送っている人にも言えることである。たとえばこのプロジェクトが失敗して責任をとらざるを得なくなった時、最悪を考えてそれでもなんとか食えると確信を持った時の行動は強い。またイザとなったら何をやっても生活できるという決意と自信を持ったら、堂々とケンカできるということである。

28 自己改善は習慣の改善からするとよい

人間の習慣は、本能や条件反射のように生得的・先天的なものではなく、経験によって培養されるもので、習得的・後天的なものである。しかも、この習慣がひとたび形成されてしまうと反応は定型的になり自動的になる心理的傾向をもつ。物事が「習慣化される」というのはこのことを指す。

ところで、向上欲や反省心を持っている人は、現在の自分の考え方や行動に満足していないはずである。すなわち、自己改善を考えるものだ。日記をつけて反省の支えとしたり、格言やことわざによって自分を戒めたり、なかには禅寺で坐禅を組んだり、滝に打たれて心身を清めたりする。もちろん、これらの行為は無用ではない。日々の反省はやがて大きな自己改革につながるだろう。禅寺修行も悪くはない。

しかし後者については、このように考えることもできる。数年もダラダラと日々を無為に過ごしてきた人が、わずか数日の修行でガラリと変わるならば、また数カ月たって他のことでよくない刺激を与えられれば、その人はまたよくない方向に変わるだろう、という考えも成立する。ダラダラした過ごし方は過去の習慣の産物であることが多いからである。

習慣はいったん形成されれば機械的に反復され、その遂行はとくに努力の意識を伴わないことが多い。だからこそ、せっかく研修しても、身にしみる話を聞いても、それが継続されるのは数日で、しばらくするとまた元の木阿弥《もくあみ》になりやすいのは、長い間に培われた習慣どおりにいった方が快適だし、抵抗がないからである。

そこで自己改善は、毎日の自分を支えている習慣の改善から入った方がうまくいくものである。たとえば、朝、目が覚めた時、必ず枕元のタバコに手をのばす習慣の人は、まず寝床の中の朝の一服の時間をずらせてみる。また寝床の中で一服し、それからザッと朝刊に目を通し、妻や子どもたちの「お父さん、ごはんですよ」で階下に降り、食事後にパジャマを出勤する時の服装に着替えるという人は、目が覚めたらすぐ着替えてしまう、新聞は食事後にタバコとともに眼を通すというように、従来の習慣を一新してしまうことである。慣れないうちはとまどったり、自分の身体が自分ではないような感じもあるが、数日、無理にでもこの行動パターン通りにするうちに、これが習慣となる。

以前の習慣で発動された考え方や行動は、新しいパターンで違った考え方や行動になるだろう。つまり、これをしなければならない、これをしてはならないという自己改善策を頭で観念的に考えるのではなく、自分が行動に踏み切らざるを得ないような習慣を先につくってしまうことである。

29

人に抜きん出るには能率的な仕事ができなくてはならない

朝のラッシュアワーで、バスを待つ人の列についていた時のことである。交通渋滞のためもあり、バスの数も少ないのだろうか、なかなかバスが来ないのでいらいらしていると、私のうしろの50代くらいの男性が「サラリーマンは出勤するのも仕事のうちですね」と話しかけてきた。

まさにそのとおりだが、〝休まず〟〝遅れず〟〝仕事せず〟だけでは何の価値もない。もっと大事なのは仕事の仕方が能率的であるか否かである。能率的というのは、一定の時間内により多くの仕事をすること、また所定の時間内にあることを成し遂げることである。

能率のよい仕事をするには、毎日の仕事を公用と私用とに分けて処理することだ。どんな場合でも公用が優先するのがビジネス社会の掟であるが、時には上司から私用を依頼されることがある。こういう場合には、そのためにやりかけの仕事が遅れなければ、その〝私用〟を果たすのもよいだろう。しかし、そのために公用が遅れそうな場合には、そのことを上司に話して同僚に代わってもらうか公用を手伝ってもらうようにする。

しかし同じ公用にも、その一つひとつにそれぞれ重要性とタイムリミットがある。重要性とはその事柄が個人、部門、会社全体というように関係する範囲が広くなるほどより重要であると思えばよいだろう。またタイムリミットとは仕事の締切り日時のことである。

この重要性と日時とは、仕事の順番を決定する大きな要素である。たとえば重要性が大きくても半年後に仕上げればよいことと、2時間後に仕上げなければならない重要性の小さな仕事では、処理する順番が違ってくるのである。

こうしてその日の仕事を重要性とタイムリミットを考慮して順番を決定し、その仕事一つひとつに要する時間を算出する。こうすると、その日に仕上がることと残ることとの予想ができる。この残る仕事を翌日に繰り越してよいか否かを、関係部門のことも考え合わせ、どちらとも決定し得ない場合は、上司の判断により処理すれば、自分の仕事は遅滞なく進み周囲に迷惑をかけることなく高能率の結果が得られる。

そして、あなたの一日の仕事の処理が早く終わった時には、忙しそうな周囲の人の仕事を自発的に手伝うことである。そうすれば後日、自分が忙しい場合に周囲の人が快く援助してくれる。

このように同じ時間で重要な仕事をより多く成し遂げ、また仕事を通して周囲との人間関係をよくする人間を誰が放っておくだろう。もし上役が功績を認めない時でも、周囲がその功績を認め押し上げてくれるから自然に抜きん出るのである。

30

「自分はツイている男」と思うことがツキを呼ぶ

人間には2つのタイプがある。雨が降ると「まったくイヤんなっちゃうなあ、ジメジメして」と考える人と、「雨か、イイなあ。道路はホコリがたたなくなるし、草や木は生き生きした色になって、とても気持ちがよい」と考えるタイプとの2種である。前者は何事にも悲観的に暗く考える人であり、後者は楽天的に明るく考える人といえよう。これは雨に限らず人生のすべてに当てはまる。

たとえば、地方への転勤を命じられたとする。前者のようにものを悲観的に考える人は、「転勤か、左遷されたのじゃないだろうか、もうオレはダメだ。まったくツイてないな」と悪く考えがちである。

一方、楽観的な人は「地方転勤か、地方は空気もうまいし、久しぶりにノンビリできるぞ。好きな本がジックリ読めるのでありがたい。自分はツイてるぞ」と考える。同じ出来事でありながら前者は暗く、後者は明るく解釈している。

そこで人間の幸・不幸というのは、その人の解釈次第でどうにでもなるといえるかもしれない。転勤を不幸と考えるのも、幸運と受け取るのも、本人の心の持ち方ひとつだろう。そして

「自分はツイてない」と思う人はどのようなことに遭遇しても、「まったくツイてない」と悪く解釈する傾向がある。さらに「自分はツイてない」と思い込むことによって、自己暗示にかかって自分自身がその考えに縛られ身動きがとれなくなる。

反対に、「自分はツイてる」と思う人は、何が起こってもそれを良い方へ、明るい方へと解釈する。そうするとすべてが順調にいっているように思えてくるし、またそうなるものである。それはちょうど磁石が鉄を吸い寄せるように、楽観的な考え方をする人は、明るい幸運な出来事を吸い寄せていくし、悲観的な考え方には暗く悪い出来事だけが吸い寄せられるようである。心というものには、このような吸引力があるのではないだろうか。

こういう心の法則を知っているある人は、朝、目覚めるとしばらくふとんの中で横になったまま全身の筋肉から力を抜き、「すべてうまくいっている。順調である。自分はツイている」と言い聞かせる。そうすると、その日一日すべてがうまくいくように思えて全身に力が湧いてくると言う。「自分はツイている」と思うことで、心に余裕が生まれる。心に余裕があれば、仕事の上でもミスをしないでうまくいく。逆に自分はダメだと思えば、気持ちが萎縮するので、やることなすことうまくいかないということにもなるだろう。

このように「自分はツイている」と思うことがツキを呼び、そのツキがまた次のツキを呼ぶという連鎖反応を起こしていく。

31 スランプは進歩段階の現象である

昔から夫婦間の倦怠期やピンチは結婚3ヵ月、1年、3年、7年、10年、15年、20年目ごとに訪れると、巷間いわれてきた。おもしろいことに、夫婦に限らず人間のスランプもこの時期に訪れることが多い。しかもこれが景気の周期（だいたい3年間が最低期で、3年間で上昇し、3年間が絶頂期、次の3年間が下降期である）とぶつかると思いがけないことになる。

たとえば、スランプが上昇期や絶頂期の半ば以前なら、景気によって救われ、スランプ自体が軽くてすむが、絶頂期の終わりごろや下降期の初めであると、事務職だと計算、記帳ミスなどが多くなって会社に迷惑をかける。研究や宣伝の企画担当なら企画の失敗、販売担当なら異常な売上げ低下などということになる。

スランプは、個人の能力が進歩してきたために起こる必然的な現象なのである。その証拠に仕事、芸事、スポーツなどでは初心者のころにはスランプにはならないし、無能な社員や、やる気のない社員は何年たってもスランプに陥らないものである。このスランプ期間は、仕事によって異なるが、性格が内向性だと1、2年の長期にわたることがあり、外向性だと4、5日から1、2カ月で終わる。事務職の場合は、性格に関係なく1、2週間以内で終わることが多いようだ。

この原因は欲求水準、つまりこのくらいは習熟進歩しただろうという期待よりも、実際の習熟進歩の度合いが低い場合に、能力が落ちたと感じることから始まるようである。しかし本当は鈍化しながらも、進化しつづけているのが人間の不思議な一面なのである。

だからスランプだなと感じたら、まず上役や先輩に話を聞いてもらうとよい。それでも脱出できなかったら、休日などに仕事のことを忘れて、スポーツや彫刻や日曜大工などの身体や手を使うことに打ち込んでみる。こうすると、この間に心の中の仕事に関するしこりが解けてスランプが消えていることがある。

このようにしてもだめなら、焦ったり悩んだりせず、注意深く熱心に仕事を続けるのが一番の解決法といえる。この方法は時間はかかるがオーソドックスなやり方である。ただ、この期間の周囲の評価を気にせず、忍耐心を養うつもりで時期を待つことが大切である。

ただし、前述の特に研究（販売や宣伝の）企画などの担当者や販売関係者は、熱心さとあいまって、功を焦って無理に仕事をまとめようとすると、かえって大失敗をすることがあるので、景気の絶頂期の終末から下降期には慎重さが必要だ。

そして朝のこない夜がないのと同様に脱出できないスランプはないし、これも進歩の中の一元的現象であると考えて、仕事に意欲を燃やすのが最良の脱出法である。

32

第一声を元気よく出すことで、やる気の態勢ができる

O時計販売（東京都）では会社の屋上で営業マンが全員で、時には1人で喉が破れるほどの大声で、「やるぞ!! 売ってくるぞ!!」などのコトバを数回から数十回近く発声してから販売に出かけ、大きな効果をあげている。このことは発声運動がやる気を呼び起こす働きをしているのだろう。

これは心理学のジェームズ・ランゲ説の「悲しいから泣くのではない。泣くから悲しくなる」という理論の応用である。しかしこの理論は心理学界では賛否両論があって、いまだにどちらとも決定していないと聞いている。

これは賛否いずれかを正しいとすることがまちがいで、時と場合によってはどちらも正しく、どちらもまちがいであるというべきだろう。この理論は、人間は自分の感情を意志や理屈で制御することが難しい、しかし行動によって制御することができるということである。

たとえば、昔、私の知人の母親が高齢で危篤状態になった時のことである。「ハハキトク」の電報を受け取った彼は、仕事のため2日後でなければ帰郷できなかった。この時の彼は、一人でいる時は心配そうに見えたが、仕事で客に会う時や仕事をしている時には、彼の身体から

は悲しみは感じられなかった。

　後日、母の死に目にも会い葬式をすませて帰京した彼に聞いてみると、「少しでも早く帰りたくて仕事に打ち込んでいましたので、母のことも心配するひまがなかったんです」と話してくれた。この例は彼が仕事に打ち込んでいる時は、悲しみの感情が制御されていたことを物語っている。

　またある会社の女子社員に「いつも朗らかですね」と声をかけると、「ハイ、これもお給料のうちでございます。それに、暗い顔をして周りの方を不愉快にしてよいということはないと存じます」と言われて恐れ入ったことがあるが、まさにそのとおりである。

　これらの人たちは気分が滅入ったりやる気の起きない時は、種々の方法で感情を制御しているのである。たとえば、誰もいない部屋や屋上で大きな声で、「きょうはやるぞ!!」と叫んだり、声を殺して力強く「泣いちゃいけないんだ、早く仕事を仕上げるんだ」と口に出したり、ニッコリ笑ったりして感情を制御し勇気づけていく。

　職場でもいやな仕事を指示されたら、元気な声で「ハイ、やります」と答えたり、強い叱責や客からの苦情で気分が滅入ったら、ひと気のないところや車の中で抑えた強い声で、「なんだこのくらいで負けてたまるか!!　オレはやるぞ!!」と声を出してみたり、考えたりする。それだけで態勢が整い仕事にもはずみがついてくるものである。

33 10年先の役職に応じた学習を今からしておけばそれが将来の実力になる

優秀なセールスマンを管理職に任命すると、所属課や営業所の売上げが急に落ちることがある。これは事務職の係長が、課長になった場合にも起こる現象である。これはそれぞれが役職に応じた知識と能力を、事前に身につけておかなかったのが原因である。これでも高度経済成長時代には通用してきたのだが、これからの時代には通用しない。それどころか、販売成績や業務遂行能力が優秀なだけでは管理職には登用されなくなるだろう。

なぜならこれからの企業では、管理能力のない者を役職に就かせ仕事をさせながら能力を養わせるような、悠長で機会損失的なことをしていられないからである。したがってこれからのビジネスマンは、5年後、10年後に就任するこの可能性のある役職に必要な能力を、いまのうちから学習しておかなければならない。その学習の手本になるのは現在の上役たちである。もちろん上役の中には優秀な人もいればそうでない人もいるだろう。

あなたは、これらの上役がきのうはどんな仕事をし、きょうは何をしたか覚えているだろうか。もし覚えているならば、あなたはすでに学習の第一歩を踏み出しているのである。そしてこの上役がいま何に困っているか、またその困っていることに類似した事柄を過去にどう解決したかを想起できるなら、すでに学習の半分は終わっていると思ってよい。だが普通は日常の仕事に追われて、観察したことを記憶していることは少ないものである。

そこで、もしこの記憶していることが少なければ、これからは意識的に観察して、管理職に必要な能力を記録することから始めるとよい。次は部下の立場から見て、こうあって欲しいと思う上役の理想像と役割を書き留めてみることだ。

さらに社長から見た部長、部長から見た課長はどのように見えればよいのかを考える。これらの3つを合わせてみれば、理想に近い管理者像が描けるだろう。

次は管理能力とは何かを、書物などによって探求し研究することである。この知識がある程度蓄積されたらこれを試してみる。だが、実際に管理職の代理はできない。そこで実際の事柄を管理職になったつもりでその処理のしかたをメモしておくことである。そして実際の管理職の処理のしかたと比較するのである。

この方法は、かのナポレオンが砲兵少尉時代に、自分が将軍だったらこうすると周囲の国との戦争を想定して、机上で戦術の訓練をしたことが、後年大いに役に立ったということにつながるものである。

確かにこういう練習をくり返しやっていると、知らぬ間に実力がついて、ナポレオンのように役職に就任した日から遅滞なく仕事を処理できるようになるに違いない。

34 成功４原則を実行すれば労働が「朗働」になる

仕事の世界は、好きなことややりたい仕事だけをやらせてくれるように甘くはない。大部分の人は、やりたくないことでも生活のために我慢してやっているのであり、ここに労働を「牢働」と感じる原因がある。この「牢働」を「朗働」にするには次のことを実行したらどうだろうか。

(1) 職場を好きになる

規模の大小にかかわらず、どんな会社にもそれなりの欠点や長所があるもので、そこで他の会社の欠点と自分の会社の長所を比較してみるとよい。そうすれば、なんとなく自分の会社がよいものに感じられ、親愛の情が生じてくる。

(2) 上役や同僚や部下に好意を持つ

誰でもどんな職場にも、何人か気が合わない嫌な人間がいる。仏典に「怨憎会苦《おんぞうえく》」（怨み憎む者とも会わなければならない苦しみ）というコトバがある。しかし会いたくない、仕事を一緒にしないなどとは言えない。その辛さをなくすには、これらの人たちのことをできるだけ好意的な目で見るようにし、その長所を積極的に探し出してみるとよい。真剣にしばらく続けていると、次第に好意を感じるようになり、さらに続けていると欠点までが長所に見えてくる。このようになると不思議なことに、相手も好意を見せるようになって親近感が生じ親交も深くなるものである。

(3) 仕事の価値を認める

近代科学の粋、宇宙ロケットにしても、すべて人間が組み立てている。ロケットの中の小さなネジ1本のユルミや、工場内のバルブ1個の故障が大きな事故の原因になる。

製品（商品）についた小さな傷が売り値を半額にしてしまう。経理の数字一つ、パンチカードの穴一つの間違いが大変な結果になる。このように自分の仕事を全社的に、あるいは製品全体との関係で見たり考えたりすれば、小さくて無価値であるかに見えた仕事が実は大きな価値を持っていることが理解でき、自然と仕事に取り組む姿勢が変わってくるはずである。

(4) 仕事に改善と変化を求める

定型化された単純作業にも、改善と自由裁量の余地がある。たとえば、作業速度の遅速、生産量の増減、段取りのしかたがそれである。事務職なら仕事の手順を変えてみる。このほか、その仕事に必要なことを改善し能力を向上させ、この結果を確認すれば仕事に楽しみが生じる。

以上4つのことを実行することから自分なりの喜びや満足感が得られ、仕事が楽しくなり、働くことが苦痛ではなくなってくる。

35
仕事に自分を合わせる方法を心得ていれば何をやっても成功する

企業で中途採用者の面接をすると、「前の会社（仕事）は性格に合わないので退職しました」という人がいるが、心得ちがいも甚だしい。こういう人は長い間勤めたり役職についたあとで配置転換や出向させられると、会社を恨んだり不満を持って、十分な仕事をしないことが少なくない。こういう人間になるか、ならないかは自分が決めるのである。

アメリカの哲学者ジョン・デューイが〝人間は可塑性（思うように形づくれること）を持つ〟と言ったように、性格や能力は不変ではない。したがって性格も能力も、あの仕事に合ってこの仕事に合わないということはない。ただ自分から合わせようと努力しないだけである。たとえば、技術者が営業部に配転になったら、営業センスさえ習得すれば優秀な営業マンになるかも知れない。この逆の場合も、必要な技術や知識を真剣に習得すればよいのである。

このことは事務部門から現業部門に配転になる場合も、その逆の場合も同じである。企業で働く人間は、いつ、どの部門の部長や課長に任命されるか分からない。また中途入社や新入社員で、希望する職種についたり、やりたいことがやれるとは限らない。むしろ嫌な仕事や苦手な仕事をさせられることも多い。

こういう場合にこそ、それがあなたの体験を豊かにし実力を高め、将来に備える研修期間だと思うとよい。そして次のことを実行すると、どんな仕事にも自分を合わせることができる。

(1) 体験すること――どんな仕事でもいやがらずに、進んで真剣に取り組む。
(2) 聞くこと――仕事の目的ややり方などについての不明な点は、上役・同僚・またはたとえ部下でも聞いて自分のものにする。
(3) 見ること――周囲の人の仕事ぶりを観察してよい点を真似して覚える。
(4) 読むこと――仕事に必要な事柄や関係のある書物、業界紙などから情報や知識を得て知識を豊かにする。
(5) 思考すること――体験したことや観察した仕事や事柄についての反省や、結果を検討し、能力向上や仕事のしかたの改善をはかる。
(6) 性格を改善すること――仕事に自分の性格を合わせる努力をする。たとえばあなたが無口なら、つとめて話す努力をしてみるとか、表情に変化がないと思うなら、鏡に自分の顔を映して表情を豊かにする練習をすることなど、行動面から改善するとよい。

このように人間は仕事に対して自分の能力や性格がどの面で合い、どの面が欠けているのかを確かめるのは愉快ではないだろう。またこれを改善することは楽ではないが、仕事で成功した人や幸福な暮らしをしている人は、みんなこの努力をしてきたのである。

36 旅行は計画性を身につけるトレーニングになる

旅行をするにはまずプランを立てなければならない。目的地（空間）を決め、つづいて航空機や列車のダイヤ（時間）を調べ、次に交通費や宿泊費その他諸経費（コスト）を計算しなければならない。ちょっと旅行するだけでも事前にこれだけの作業をしなければならない。もちろん目的地も決めずにフラッと出かける旅や、こうした計算をすべて幹事に一任する団体旅行もあるが、ここではあくまで一人で行くものとする。

旅慣れていない人はこの作業が苦手である。まず列車を調べるための時刻表（近頃はインターネットで検索する方法もある）や他の方法（現地の観光案内図など）の扱い方が分からない。どのように調べれば目的地へ無事に着けるのか、そのためには自宅を何時に出て何時の列車に乗り、何時間で現地に到着するのか。時刻表を調べることは、そこに記載された数字との格闘を意味する。したがって時刻表に慣れることは、数字の扱いに慣れることであり、自然に「時間」の観念を身につける効果がある。

さらに目的地では、どこを見物し、どこで遊ぶか、食事はどこでするか、宿泊はどこにするか……と地図を広げながら検討することだろう。さらに、この○○寺から△△庭園まで距離はどのくらいあるのか、歩いて行けるだろうか、それともバスを利用した方がいいか……。こうして試行錯誤を重ねていくうちに「空間を把握」する能力が養成される。

それがすむと費用の計算である。交通費にいくらかかるか、それなら宿泊料の安いところを選んで……とコストの計算に頭を痛めることになる。出費がかさめば損をするのは自分である。おそらくその計算は厳密をきわめることだろう。

たとえ事前に万全のプラン（plan）を立てたとしても、いざ行動（do）を起こし現地に行った場合、プランどおりにならないことがある。せっかく行ったのに博物館が臨時休館中であったなどと予期しない出来事に遭遇し、予定の変更を余儀なくされる。そうなれば当然プランを検討（check）しなおさなければならない。

こう考えてくると「旅行をする」という行為の中には、プラン（plan）・ドゥ（do）・チェック（check）の原則がたくみに盛り込まれていることが分かる。この原則が上手に生かされてこそ旅行が成功するのである。

私たちの周囲で旅行好きの人とそうでない人とを比較してみると、前者は計画性があって仕事をテキパキと処理するが、後者には計画性がなく、仕事の処理も遅く要領を得ないことに気がつくだろう。これは旅行が計画性を身につけるトレーニングとなっている証拠であり、これからは旅行する機会があったら、すべて自分でプランを立てて行うべきである。

37 成功の体験から法則を割り出すと成功は容易になる

「金儲けの本を読んで金儲けができた人はいない」と言われるが、同じことが〝成功〟ということにも言える。「こうすれば成功する」「私はこうして成功した」などというたぐいの〝成功もの〟を読んでも、そこに書かれている通りに成功することは難しい。なぜなら、その人だからそうしたやり方で成功したのだろうが、読者の性格とその成功者の性格とは異なるからである。

さらに成功とはその時の社会の要求と密接な関係があるようである。その時（時代）だからこそ成功したのであるが、読者が置かれている時代（現在）とは違っているからである。

そこで〝成功もの〟を読んだあと読者は、「この人はそのやり方で成功したのだろうが、自分にはできない」というむなしさに襲われる。

こう考えてみると、〝成功〟とその人の〝性格〟とは密接な関係があることが分かる。他人がやって成功したからといって、そのマネをしても成功しないのは、そのやり方が自分の性格に合わないということではないか。自分の性格に合ったやり方というのは、他人の成功談を読んでもなかなか分かるものではない。むしろ自分の過去の体験から探し出すことが最良の方法である。

誰にでも小さな成功の体験があるだろう。たとえば、「部下の説得に成功した」、「上司に提案を出して採用された」など。また営業マンなら「売り込みに成功した」体験があるはずである。このことは、たとえば趣味の面でもよい。音楽（楽器）を習いに行ったり、絵を習ったりしている時に、「うまくなったぞ」と教師に誉められることがある。それを成功と考えてみたい。スポーツでも「この前より腕があがったぞ」とコーチから言われることがある。これも成功と解釈したい。

こうした小さな成功の体験をいろいろ思い出してみると、成功した場合には、必ず共通の事柄があることに気がつくだろう。

「部下の説得に成功した」例であれば、「いつもは『あれをやれ！』と頭ごなしに言っていたが、あの時は部下のことをよく調べてから説得した」ことが分かる。そうすれば「十分調査する」原則を守れば、次の説得の場面でも成功するに違いない。また「売り込みに成功した」ことの反省から、「自分はいつも弱腰であった。あの時は強く出たのがよかった」と、それまでの弱々しい態度を改めることが、次の成功を容易にさせる。

このように過去の成功体験から、自分の性格に合致した成功の法則をつくりあげることによって、その後の成功の確率が高くなるのである。

38 奇数を使えば精神を緊張させ能率をあげることができる

24という数字は2、3、4、6、8、12、24で割り切れる。ところが、一つ下の23は23でしか割り切れない。多くの数で割り切れる数はなにかしらノンビリした、ユッタリした気分になれるものである。反対に割り切りにくい数字は研ぎすまされた刃物のようにピリピリした、ゆとりのないイメージと印象が残る。偶数が前者で奇数が後者である。だからこそ私たちは多少の増減があっても、やむを得ない時や、信憑性をおかない時には、偶数を使用することが多いものである。

たとえば、来客を待たせる時、「あと10分ほどお待ちいただけますか」と言ったりする。言われた方は正確に10分とは考えない。「ヤレヤレ、また15、6分待たされるのか」とガッカリしてしまう。極端になると「午後あらためてお電話します」と、偶数の極限ともいうべき汎時間的な言い方をする。午後といえば昼休み後から退社時間までの4、5時間はすべて午後になるから、「午後といっても、いつかかってくることやら」とアテにしなくなる。

今後、数字的感覚や機能をコミュニケーションや生活に折り込むなら、偶数よりも奇数を使うとよい。聞く方はもちろん、自分も緊張感を高め、その間は能率を発揮することができる。

前の例でいうなら、「あと7分お待ちいただけますか」である。相手は7分経ったら必ず目の前にあらわれると確信するだろうし、言った本人もその7分間をすべてに打ち込むことができる。「あらためて3時15分にお電話します」なら、先方はメモに書きとめておき、その時間帯は離席が減る。よしんば離席する場合は隣席に頼んでおくだろう。「3時15分に電話がかかってくるから、そのとき資材課にいるオレを呼んでくれ」と。電話したこちら側は、もちろんメモに電話をかける旨を記入しておくことだろう。

午前10時開会、約2時間という会議が長びいて、若手社員に昼飯やお茶の用意でイライラさせるのも、偶数的感覚で運営するからである。9時55分開会、11時53分閉会とすれば、メンバーの緊張を強いることができる。

フリーセールスマン（飛び込み訪問セールス）が、「5分間だけおじゃまします」と言うのは、相手に短時間で話を終わるという安心感を与えると同時に、自分はその5分間を最高に生かす背水の陣なのである。

私は研修や講演の際、先方が定刻に集まらない時は開口一番、「それではこれから始めます。2時17分から26分まで休憩を1回おいて、午後4時3分に終了します」と。たいてい度胆を抜かれるようで、予定通りに4時3分にピタッと終わったとき猛烈な拍手が起こる。聴衆は「時間」について何かしらの感慨を持つようである。

39 目標を早く達成したければ下位目標をまずつくればよい

「距離」には二つの概念がある。一つは物理的距離であり、もう一つは心理的距離である。たとえば、満員電車の中での隣り合わせた初対面二人同士の物理的距離はゼロであるが、心理的距離は無限大の開きがあるといえる。

すなわち後者は顔も知らなければ名前も分からない、ましてや家族構成も給料の額も知らないから、心理的になんら近さを感じない。これに反して西と東にわかれた親友同士は物理的距離は大きいが、心理的距離は近いといえる。気心も分かっているし、相手の喜びは自分の喜びであり、自分の辛さに相手も心を痛めてくれるからである。

目標を達成する時、目標に至るこの心理的距離が近ければ近いほど、早く目標を達成しやすいものである。心理的距離――すなわち親しさ、近さなどである。

たとえば、私たちは５００枚のデータを10日間で分析せよと言われればウンザリするが、1日50枚と置きかえてみると、なんとなく達成しやすいように思われる。腹一杯の際に丼飯を出されれば、見た瞬間にゲンナリするが、握り飯や握り寿司のようにいくつか握って出されれば食欲も出て、ついには全部たいらげてしまうことがある。

いずれも抵抗が少ないからやる気が出てくるのである。すなわち５００枚よりも50枚、大量の丼飯よりも握り飯の方が心理的距離が近いといえる。この心理的距離の近さを下位目標に立てると、やる気が出るものである。

人を扱うことの上手なリーダーは、ただやみくもにハッパや号令をかけることはしない。いきなり高い目標を示す前に、目標に至る心理的距離の近さを示すものである。「とにかく必死で仕事に取り組めばできる」という前に、「１週間後に80個できればちょうど半分終わったことになる。がんばろうや」と、簡単にできそうな目標を示すので疲労も覚えないのである。

あなたも子どもを風呂に入れる時、「10かぞえたら出ようね。いいかい、ハイ1、2……ボクもいっしょに言ってごらん」と、子どもも数を唱えることに参画させて、気持ちよく入れた経験があるはずである。すっかり温まったら出てよい――は最終目標で、10かぞえたら――は下位目標である。子どもは10までならすぐ出られると錯覚に陥り、むしろ嬉々として親に従うのである。

目標を達成する時、いきなり最終目標を掲げる前に（掲げると同時に）、すかさず下位目標を示すことがやる気を起こしたり、集中させるものである。

達成可能なものはやる気が出る。「名月を取ってくれろと泣く子かな」という一茶の名句も、子どもは手を伸ばせば届きそうだから意欲的になったのである。

40 〝3分間ひと区切り〟を目安にすれば行動はリズミカルになる

旧日本海軍には〝5分前精神〟があった。朝の起床時には「総員起こし5分前！」の号令で起床の準備に入った。所定の時間、決められた動作に間に合うように準備するのである。それでも間に合わない人は〝5分前の5分前〟を行動の目安にした。何か一つの仕事にとりかかる前に、心の準備をしておくのは生活テンポの刻み方として重要なのだろう。

テンポといえば、ナポレオンのコトバの中にも「戦いに勝つか負けるかは最後の5分間にかかっている」というのがあった。

ナポレオンの時代や太平洋戦争当時よりも、現代ははるかに生活テンポが早い。したがって5分間は3分間に置きかえてよいのではないか。こじつけるようだがプロボクシングは1ラウンド3分、大相撲の仕切りは幕内4分、十両3分、流行歌の一曲も伴奏をつけてだいたい3分間くらいで終わるのが多い。インスタントラーメンも3分間待てばできあがるし、冠婚葬祭のセレモニーも「3分間スピーチ」で用が足りる時代となった。このことは、3分間あればたいていのことはひと区切りつくということの証拠ではないだろうか。

よく時間がない、ヒマがないという人がいるが、生活の中に「3分間ひと区切り」精神を導入すれば、結構、時間を生み出せるし、行動をリズミカルにすることもできると思われる。

たとえば朝、3分早く家を出ることによって、ラッシュ時の通勤電車は2、3分間隔だからひと電車まえに乗ることができる。あなたのいつも乗り込む電車の偶然の事故や遅延に遭わずにすむかもしれない。

重要な取引先と折衝するためにアポイントメント（約束の時間）を取りつけた場合、指定の時間の3分前に到着したことによって、先客が帰るところで続いて会ってくれることもあるし、相手の時計が進んでいたなら結果的にはジャストな訪問になって、信用を高めることになろう。先方に到着して待たされている3分間に、最後の打ち合わせ準備を一緒に行った同僚とすることもできる。あなたが会議やミーティングの座長なら、メンバーよりも3分早く室に入ることによって、メンバーに心理的に優位な立場をとることができる。

公私にわたる交渉やデートの待ち合わせの時、3分早く待ち合わせの場所に着くことによって、「先に来てお待ちしていました」で、印象をよくしたり、それとなく精神的に軽い圧迫感を相手に与えることができる。

就寝前の3分間体操や3分間の反省、仕事から仕事へ移る際の3分間の休息（タバコの一服やお茶など）など、考えてみれば3分間の意義を積極的に活用することにより、私たちの行動はかなりリズミカルになる。

41

近道を選ぶことがかえって遠回りになることがある

子どもの時に読んだ物語に牛若丸と弁慶のこんなエピソードがあった。牛若丸の無聊をなぐさめようとして弁慶はある日、そくい（飯粒を練ってつくった強い糊）をつくる競技を申し出た。つまり同じ量の飯粒でどちらが早くそくいをつくれるかということである。競技が始まると牛若丸は竹のヘラで1粒ずつ丹念に片端からつぶしていく。弁慶は愛用の鉄棒で飯粒をいっぺんに押しつぶそうとする。途中で弁慶は牛若丸の動作を眺め呵々大笑して言った。

「若殿、そんなやり方ではいつまでたってもそくいはできませんぞ」

ところが、早くそくいをつくったのは牛若丸の方で、弁慶は大汗を流して飯と取り組んでいた。実話かどうかは分からないが、「急がば回れ」のよいサンプルである。

私たちは誰でも物事を成就させたい時は、なるべく苦労せず楽に行いたいと思う。そこで、つい遠回りになるような方法よりも近道を選びたくなるものだが、ここに意外な落とし穴があるものだ。

私はよくJR中央線で山梨県、長野県に出かけるが、帰りは新宿駅に着いてから池袋、赤羽を経由して北浦和駅（住まいのある駅）に到着するが、武蔵野線が開通してから、ときどき中央線を八王子で降り、快速電車で西国分寺で下車し武蔵野線に乗り換え、南浦和駅を経由して北浦和駅に出ることがある。地図で見ると分かるが、この方が早いのである。しかし夜遅くなると、終着の新宿駅に出てから池袋、赤羽と経由した方が早いことがある。武蔵野線の本数が少ないために1台乗り遅れると、かなりの時間待たなければならないからである。距離や地図だけで近道を選ぶとかえって遠回りになるよい見本である。

スポーツでもゲームでも、ピアノやバイオリンなどの稽古事でも、早く一人前になりたいと基本をおろそかにして、いわゆるカッコよいやり方を身につけてしまいたいものだが、これがかえって進歩をとめることになる。

稽古というコトバは古を稽《かんが》える（＝考える）、すなわち基本の原理・原則をしっかり身につけるという説もあるほどだから、ちょうど碁・将棋でいう定石（定跡）を体得するようなもので、地味なもっとも必要なことをマスターすることが、実はもっとも応用の利くことになるのだろう。

苦労せずに先代社長の後継者になったり、コネで入社してひとが羨望するような立場や境遇に置かれても、一時は成功したつもりでも社会的人間としての努力、技能や交際の知恵を獲得しないばかりに、晩年はみじめな生活を送っている人もいる。一時は得をしたつもりでも長い人生では大損である。「悪銭は身につかず」である。

42 自分から締め切りを設定することで時間の束縛から解放される

「Iさん、K出版社に電話してください。○○の今月号の原稿ができているから午後4時に来てくれと」

私が秘書に頼むと彼女は言う。

「もう書きあがっているんですね」

「いや、これから書くんだよ。A君、400字詰めの原稿用紙を用意してくれ」

かなり以前のことであるが、原稿執筆用の太い万年筆を構え、タバコの煙を吐きつづけに吐いて猛烈な勢いでペン先を動かし、1時間ほどの間に10枚ほどの原稿を書きとばすことが、私は毎月1、2回ほどあった。連載の原稿、添削用のテープ、それに単行本を1冊書き終わると待っていたように企画を持ち込むいろいろな出版社など目の回る忙しさであったが、書きつづけに書く物書き専門が私の仕事のすべてではない。

主たる仕事は研修であり講演であり、センター内部での研究・調査であり、それらに加えて公開講座の企画やら職員とのミーティング、来客との応対あり……で、この合い間を縫っての原稿書きだから、正直いって私は身体がいくつあっても足りない毎日を過ごしていた。考えてみれば、このように充実した日々を送れるのはありがたいことである。

先方に電話しておいてから書きとばすことができるのは私だからできる、とセンターの職員たちは感心したり呆れたように言うが、私だってユックリと優雅に筆をとりたいのである。構想がまとまらなかったり、暗礁に乗りあげることもある。その際、「ま、今日はいいや、締切にまだ3日あるからそのうちにいいアイデアが浮かぶだろう」と考えたくもなる。

だが経験的にうまくいったことはないので、自分で自分に重荷を背負わせてしまうのである。期限や時間を区切って、われとわが身を困らせるわけだ。思いきって秘書に先方へ電話させてしまえば、1、2時間のうちに先方は取りにくる。この間に困って困って困り抜く状態をつくるのである。必死になって頭脳を大回転させるわけである。いい構想やアイデアが浮かばないのは、まだ自分の困り方が中途半端だからだと私は思っている。この私の荒っぽいやり方を強制した結果、ナニクソ！　と自分に過酷なほど重荷を課した部下の仕事ぶりは不思議とすばらしい。本人もこの一事で自信が生まれ、生きている実感をつかんでいる。反対に自分には自分のペースがあるなどと合理化している人間は、能力は少しも進歩しないようである。いや、地球は回っているのだから、進歩しないことは実は退歩していることになる。

「○日までにやります」「△時までお待ちします」と思いきって言い切る。そして必死になってあらゆることを考える――これが物事の「成就回路」のメカニズムではないだろうか。

43

同じ時間帯に二兎を追って二兎を得ることも可能である

「もう少し時間があったらなァ……」
「時間さえあればできたのに……」
「時間さえあればやりたいことはいっぱいあるんだが……」

こういうグチをこぼす人は少なくない。では、これらのグチをこぼす人にたっぷり時間が与えられたら願望や目標は達成できるかというと、一概にそうもいかないようである。

英国の作家アーノルド・ベネットはこう言っている。「時の世界では富裕な貴族というものはない。あなたはその非常に貴重な日用品を気ままに浪費しているが、それでも時間の割当を減らされるわけではなく、勝手にどこかから借りてくるわけにもいかない。あなたはただいまこの瞬間を使いうるのみである」と。

すなわち金持ちだから1日30時間を持ち、貧乏だから1日は15時間ということはない。人間はみな平等に1日24時間の割当てしか受けていないのである。

とすると、時間がないとコボす人は24時間の中で時間をつくっていないということになるのではないか。時間はあるものではなくつくるものであることを考えれば、結構いろいろなことができるものである。事実、多忙な人ほど時間を生み出しているものだ。

「一石二鳥」「二兎を追う」など、同時に２つのことをしようとすることを示した諺がある。

私がお薦めしたいのは、同一時間帯に２つ以上の目的や願望を果たすことができるということである。毎晩、湯舟の中で本を読むとか、新幹線や飛行機の中で原稿を書くなど、いずれも同一時間帯に二兎を追い二兎を得ている方法である。私の友人も、毎朝トイレの中で平均10ページずつ本を読むという。年間３６５０ページとして２００ページの本なら18冊、毎月１冊半ずつ読める。忙しい人は本を読むのも思うにまかせないが、彼は排泄という本来の用を足しながら、読書をしているのである。

私たちは駅のホームなどでかつて、サラリーマンが電車を待ちながらゴルフの練習をしている光景をよく見かけたことがある。スタンスをとったり、アドレスの状態に入ったり、バックスウィングの真似をしたり……今はゴルフだが、40〜50年前にはダンスのステップを踏んでいたものである。

だから、デートで待ち合わせながら読書にふけったり、通勤時間を利用して語学の学習に費やしたり、朝のニュースを聞きながらヒゲを剃ったりすることは、二兎を追いながら二兎を得ていることになる。考えてみれば工夫次第で同一時間帯を立体的に活用する手はいろいろあるものだ。

第3章

情報を集め・活用する着想

44

雑学は「専門偏向」の予防法になる

一つの職場、一つの仕事や職務を長い間続けていると、ある専門的な事柄には非常に詳しいが、他のことになると時には子どものような幼稚な考え方や行動をとったり、常識知らずの見方をする人が出てくる。こういう人を「専門偏向」(俗に言う「専門バカ」)という。

仕事に没入し「我れ」を忘れて働くことは、もちろん間違いではない。むしろ、人間として大切なことである。しかし「専門偏向」は得てして深く狭く自分の仕事に入り込みすぎるために、他の未経験の事柄には直面することができなくなる。仮にそういう機会があったとしても、自らの専門を理由に回避したり、上役や同僚、部下にそれを転嫁したり、その機会が無事に通り過ぎるのを待っていたりすることが多い。これではますます「専門」の域に閉じこもらざるを得ない。しかも年齢とともに気力、体力を失ってくれば、そのような人は事なかれ主義に陥ってしまう。

ところが変化の激しい現代は、一つの専門や仕事がいつまでも幅を利かせる時代ではない。専門や仕事の中だけの自己啓発や自己管理だけではカバーできない圧力が襲ってくる今日、こういう「専門偏向」「仕事偏向」は次第に成果があがらなくなる。

同時に周囲から軽視され、リーダーシップの能力も失う。すると自信を失うからますます消極的になりやすいが、そうなったことを周囲に気づかせないため、反動的に専門や仕事にますます忠実になる。――こういう悪循環が「専門偏向」「仕事偏向」を勢いづけていくようである。

この予防法は、雑学で補うことができる。雑学は何でもかまわない。バラの栽培でも切手の収集でも、城郭の研究でもよい。必ずしも趣味の領域に属する分野でなくとも差し支えない。違った領域の専門でもよいわけである。

酒呑みはもう一つの世界を持っていると言われるが、雑学に強くなると、まず第一に違った世界を知ることができる。従来の専門や仕事の領域とは別世界の視野に浸かることが可能になる結果、自分の領分を見直すこともあろう。

第二にその雑学から、専門的な事柄について思わぬアイデアが浮かぶものである。第三に頭脳がやわらかくなる。仕事一筋、一つの領域専門という人はどうも話をしていても肩が凝るし、柔軟な思考ができないようである。「うちの主人はまじめすぎるので一緒に生活していても少しもおもしろくない」と、私の近所の主婦は妻にコボしていたが、自分の妻に呆れられるようでは、仕事中心の職場ではさぞかしと思われる。

といって誤解しないでほしいのは、雑学で本業と同じように博識になることが必要だということではないので、念のため。

45 興味を持ったことから取りかかるのが学習のコツである

「好きこそものの上手なれ」という古い諺があるが、学習のコツもこれと同じである。人は誰でも自分が興味を持ったことや好きな本を読む（学習）ことに、時間のたつのも忘れて熱中する。しかし、しなければならないという義務感から読む（勉強）のは苦痛である。前者を「学習」、後者を「勉強」と名づけてみる。

「学習」とはあくまで自発的にするものであり、その結果「こんなこともあるのか」と新しい事実に気がついたり、「とてもよかった」と感情的な満足（感動）を得たりするものだろう。人間には本来「新しいことを知りたい」という学習欲があるようである。だから興味を持ったことや好きな本を読む場合には、この学習欲が満たされるので疲労を感じないのである。

反対に義務感からなされる「勉強」には喜びがない。それは強いられてするだけで、学習欲が満たされないからだろう。だから持続することができない性質がある。

たとえば、いまこの本を読んで冒頭の項目(1)の「石川五右衛門」に興味を惹かれたとする。そうしたら彼に関しての本を片っぱしから読んでみる。そうすると、五右衛門が出没した時代を知ることができる。その時代の特徴や歴史の動きも知ることができるだろう。それをさらに深めてみると、意外な彼の性格や時代背景を知るだろう。いつのまにか、あなたはわが国で数少ない〝五右衛門研究家〟になっていることだろう。さらに調べるために足を運んだ図書館や、歴史書を扱っている出版社や書店にも詳しくなっているに違いない。

このように「オヤッ、おもしろいぞ。ちょっと調べてみよう」と興味を惹かれたものを発展させていくことが「探求する」ということではなかろうか。そこで興味→探求→調査→研究→自己の（知識・技術）確立という「学習の習慣」が身につくことになる。

これは仕事の面で役立つことになる。なぜなら「企業（仕事）とは問題解決の連続である」といわれているが、何か問題に遭遇すれば、「よし調べてみよう」と前述した学習の習慣が、問題解決を容易にさせるはずだからである。

これは仕事だけでなく、趣味の面でもいえる。もしあなたがバラが好きなら、徹底的にバラについて調べるがよい。そこで得た広い知識はいつか活用できるだろう。発想が仕事だけにとらわれている人は、一面的思考しかできないが、仕事以外に趣味という知的分野を持っている人は、多面的思考ができるからである。それが仕事の行き詰まりを打開するのに役立つのである。

その多面的思考を身につけるには、自分が興味を持ったことを追求していくことが基本であり、これが学習のコツといえよう。

46

比喩と事例を使える人は話がうまい

医者と心理学者の違いについて、ある人は言った。「たとえば子どもがアメ玉を喉《のど》につまらせたとする。それをすぐ取り出そうとするのが医者で、子どもが何回、目をシロクロさせたかデータをとるのが心理学者だ」と。私はこれを聞いて大笑いした。こういう言い方はみごとに比喩と事例が含まれているから、その人物の見方、観察のしかたについてもっと話を聞きたくなる。

ところが、「説得と叱責の違いは?」と質問された、ある話し方教室の先生は、「ヒヤムギとウドンのような違いですね」と答えたが、これでは何のことかサッパリ分からない。比喩そのものと問題点に関連がないのである。

一般に話のうまい人は比喩と事例の使い方がうまいものである。聞き手にとって話は分かりやすくなるし、鮮度の新しさを感じる。そのうえ話し手の頭の回転の速さとひらめきを知らされた感じで飽きることなく聞けるものである。もちろん、ここでいう話のうまさとは「話がうますぎて……」などと揶揄されるうまさではない。

原理・原則・理論・状況をダイレクトに論理的に展開することも必要だが、より明快により分かりやすくする時、私たちは「たとえば……」「ちょうど……」と言う。これが比喩であり事例である。これが話し手の口から出ると聞き手はホッとする。

なぜだろうか。聞き手の知っているもの、興味を持っているものを取りあげてくれるという期待感が生まれ、そこから原理・原則・状況などを分からせてもらえるという手がかりを感じるからである。原理・原則は無数の実例を最大公約数として抽象したものをいう。

だから逆の手法（比喩や事例）を使われた場合は、一足跳びに原理・原則を分からせてもらえるという予感がする。もっと極端にいえば、話し手が「たとえば……」と言ったら、そのあとの話は聞き手にみな分かるのである。

こういう比喩や事例を話の中に織り込むためには本質をしっかりとつかむことである。本質をつかまないで類推すると、前述のヒヤムギとウドンのようなことになる。へたな比喩や事例は、往々にして本質を抽象せずに、単なる外観や表面の現象だけを対象とするからピンとこないのである。

そうすると、本質をしっかりつかむためには、やはり「観察力」がものをいう。観察によって本質的部分と非本質的部分を分ける仕組みが頭の中になければならない。結局、話のうまい人を分析すると、日常の物事に対してよく観察したり考えている。これが巧みに比喩や事例を口の端にのぼらせるのだろう。

47

見出し番号をつけて話を聞かないと損をする

珍魚の名前を知りたいという殿様の要望で一人の男は、この魚をテレスコというと申し出てほうびをもらった。後日、その魚を乾かすと見るみるうちに姿が変わった。殿様が前のようにお触れを出すと、またその男がやってきて、「これはステレンキョウと申します」。真っ赤になって怒った殿様は、同一の魚を勝手に呼び名を変えるとはけしからんと、彼を打ち首にすることにした。家族との最後の対面で男は子どもに向かって言った。「おまえはどんなことがあっても、イカを乾した魚をスルメと言うんではないぞ」――

落語の『テレスコ』の一節だが、物体でも状況でも時々刻々と変化する。その変化を表現するのにコトバは追いつかないし、すべてを言い尽くせない。逆に言うなら、有限なコトバで無限の変化を表現しているのである。ここから人間社会では数々の悲喜劇が生じる。

この事物とコトバの関係をとらえた考え方が『一般意味論』といわれる学説だが、この学説の開祖A・コージブスキーは、用語には「見出し番号」をつけよと言っている。すなわちリンゴ1、リンゴ2……と。各語は各個が共通に持つものを示し、見出し番号は落とされた各個の特性を表わす、というのである。

リンゴ1はリンゴ2ではない。産地、形状、味覚、重量、価格、色彩、購入店……等はみな違っているからである。産地、形状……などが見出し番号に相当するのである。

「山本は本当にバカなやつだ」と同僚が言っているのをコトバだけ聞くと、人物判定は狂ってくる。なぜなら山本氏に見出し番号が落ちているからである。山本氏がいつ、どこで、何をどのようにしたかの見出しが省略されていて、ただバカだと言われている。

たとえ、昨日はバカでも今日はそうとは決まっていない（このバカは低能という意味ではない）。物や場所についても同様で、「○○新聞はおもしろくない」「××公園は汚れている」などと言われた場合、必ず聞く側がいつの○○新聞か、××公園のどこなのかと補って聞かないと、事実を正確につかめなくなる。

直接、見出し番号を聞くのがはばかられるなら、それとなく会話の中で確かめればよい。あるいは相手の話の文脈から判断することである。

「キミがあのパチンコ屋の8番の台は、昨日はよく球が入ったというから、今日昼休みにやってみたら全然入らないじゃないか、いいかげんなことを言うなよ。おかげで2000円すっちまったぜ」

これは聞いた方がよくない。昨日の8番の台のことを話し手は言っているので、今日のことではない。見出し番号を無視すると損することが多いものである。

48

活字を読むことが読書のスピードを低下させる

パチンコには乱れ打ち、ねらい打ち、ひねり打ちなど多彩な打ち方があるそうだが、読書も目的によって精読、乱読、併読、速読、ツン読（読まずに机上に積んでおく）などがある。読書はじっくり時間をかけて、落ち着いた環境の中で読むことが重要なのではない。目的によっては当然、読み方を変えて差しつかえない。

ご経験もあろうが、たった一つのコトバの意義やエピソード、手がかりを知りたい時に、私たちは書店で立ち読みをする。本人は意識していないが、周囲はこの種の人の目が輝き、全身の神経をページに集中していることを発見するに違いない。

さて、仕事や他の用事で読書に時間をかけられない時、早くその本の大意を知る必要がある時、あるいは数多くの本を短時間に読まなければならない時などは、読書のスピードをあげなければならない。すなわち速読のコツが要求されるわけだが、一言でいえば活字を追わないことである。

スピードがあがらない人の読み方は視線で活字を追っている。もっと遅い人は目で活字を追いながらそれを声にする。これではいやでも速読はできない。音読すると、視線ははるか先の活字をとらえているのに、声を出すことで頭脳が音声に引きずられスピードダウンする。また読み落とした活字を読み返すようなことをすると、やはりスピードが落ちる。

要は視線で活字を先へ先へと追っていくことである。そのためには白い紙片などで読んだ「行」を片っ端から隠していくこと。紙片の隠すスピードをあげて視線をせきたてることである。実験してみると確かにスピードアップすることが分かる。

ただし、この方法で書かれていることの内容がつかめず意味が分からなければ、本末転倒である。内容をつかみ、著者の意図を知るためには次のような工夫も大切になる。

(1) まえがき、あとがきをまず読む

著者の意図や反省、今後の抱負を知るのに役立つ。この二つをまずつかむことで本の重点が何かが分かる。(もっとも最近はあとがきのない本が多いが)

(2) ときどき目次を読み返す

目次は全体の俯瞰図だから、ときどき目次を読み返すことで章や節のつながり、全体の流れが分かる。

(3) 接続詞に注意する

「そこで」「ゆえに」「結局」「そして」「つまり」などの接続詞で全体を分けたり、一転させたり、補ったりするので、この個所に注意すると、接続詞以下の文章を理解するのに楽になる。

49 チェーン・リーディングで読書の効果をあげられる

本を読みたいのだがどの本から読んだらいいか分からない、つまり「手がかり」がつかめない人がいる。一方、本は結構読んでいるらしいのだが、どの話題を取りあげても内容が浅く、知識が散漫な印象を受ける人がいる。これらはいずれも効率のよい読書の方法を知らないからである。

そこで、読んだ本の内容が確実に自分のものとして身につき、その知識が仕事の面やものを考える時に反映させることを「読書の効果があがった」とここでは考えることにする。そのためには次のような方法が有効である。

(1) 文中に引用された本を読む

手はじめに身近にあるどの本でもよいから読んでみるがよい。たいていは文中に「×××著『○○○』より引用」という箇所が出てくるものである。または終わりのページに引用書（参考文献）の一覧表が出ていることが多い。それを片っぱしから読んでいくとよい。そうするとまたその本の中に引用された書名が出てくるだろう。それをまた読むという具合に読み進んでいく。

そうすると一冊だけ読んだのでは分からなかったことが、引用された本を読むことによって理解することができる。初めに読んだ本と引用された本とが相補われて、内容が明確になるからである。そうすることによって著者の言おうとすることがよく分かるようになる。一冊だけではどうしても表面的な理解にとどまってしまうようである。

このように、一冊の本を読むことから、引用された本を読み、またその中に引用されている本を次々にさかのぼって深く理解することができるのである。

この読書法はクサリが次々につながった状態に似ているので「チェーン・リーディング」と名付けてみる。それは次の読み方にもあてはまる。

(2) 著者の全著作（全集）を読む

もし小説なら、司馬遼太郎氏の『跳ぶが如く』を読んで感動したなら、小説といわず紀行文そのほかあらゆる氏の著作を読んでみる。そうすればその小説の生み出された背景も分かるし、作家の考え方の傾向も知ることができる。

こうなると単に紙の上に書かれた文字を読むのではなく、まるで〝肉声〟に接しているようになり、理解も一段と深まる。これは経営書にもあてはまる読み方である。

著者の全著作を読むことをグラフの縦軸にたとえるなら、引用書を読むのは横軸になるだろう。タテとヨコと両方を並行して読む、チェーン・リーディングで読書の効果は一段と高まる。

50

情報はそれを必要とする姿勢を持つ人に集まるものである

太古の昔から人間の生活にとって「情報」は欠かせないものであった。情報が入手できなければ私たちは一刻たりとも社会に適応できない。私たちはまた、こういう消極的な面ばかりでなく、より積極的に他人より早く情報をキャッチすることによって、起こり得る災害や危難に備えたり、事態の進行に注目したり、あるいは自分の生活を有利に展開したりしている。

企業組織ばかりでなく地域社会やサークル活動でも、特にリーダーの立場にいる人ほど、情報の取捨選択は必要となっている。八方に目をくばり、周囲の状況に油断なく構えなければ、メンバーを思いどおり動かせないからである。

ところで、取捨選択といってもその元になる情報が集まらなければ、取捨選択することはできないが、同じような立場、似たような仕事をしていても、人によって自然に情報の集まりやすいタイプの人と、そうでない人とがいる。なかには情報が早く入手できる立場や役職にいながら、思ったほど情報をキャッチしていない人がいるかと思うと、こんな人がよくここまで知っているなと感心するほどの情報量を持っている人もいる。

こう考えると、情報はその情報源の近くにいる人ほど質量ともにすぐれた情報をつかむものだとは一概に言えない。やはりそれを必要とする姿勢を持つ人のところに集まるようである。そのためには次のような姿勢や努力を意識的に持つ必要がある。

(1) 必要としていることを打ち明ける

「おい、こういう点で知っていることないか」「こういうことが分かったら教えてくれよ」などと、積極的に人に持ちかけることである。幹部になればなるほど、こういう率直な姿勢がなくなるようである。自分が知らないことを部下に見すかされまいとする保身策なのか、それとも幹部の権威が失墜すると思っているのだろうか。しかし、みずから情報を求める姿勢や努力がなければ同僚・後輩・部下は進んで提供するわけはない。うかつなことを言って、「そんなことは分かっている」と片づけられたら腹が立つからである。

(2) 情報提供者に礼を言う

当然なことだが、提供された情報にもとづいて行動を起こし成果を収めた時、あるいはそれがヒントになって新しくアイデアが浮かんだとき礼を言い、状況や事態の現状を知らせることである。その人は次の機会には進んで情報を提供してくれるだろう。

(3) どんな些細なことにも興味を示す

職場内の日常会話でイライラした態度でお義理に聞いたり、うるさそうにあいづちを打つだけでは、人は情報を提供する意欲を失う。

51

いつも手近なところにハサミとメモをおけば気楽に情報が集められる

次のような漫才がある。

A「いま、ぼくトイレの中でいいアイデアを思いついたんだ」

B「何やねん?」

A「それがトイレから出たら忘れてしもうた」

B「アホやな、ほな、もう一度入ってみい、思い出すかもしれへんで」

もしトイレの中にメモとペン(鉛筆)があればこういう失策はないだろう。すかさずメモしておけばよいのだから。

人間はヒョイと思いついたことはヒョイと忘れることが多いものである。電車の中で思いついたこと、歩きながら頭に浮かんだこと、友人と一杯飲みながら友人との話の中から得たヒントなど、すかさず何らかの形で記憶しておかないと、あとになってはなかなか思い出せないものである。なかにはこんなこともある。いいアイデアが浮かんだが記録するものが手近にない。ポケットをさぐったら輪ゴムがあったのでそれを指に巻き、それを見て先ほどのアイデアを浮かばせようというつもりで家に帰っても、帰途、他の考えごとをしたり、知人に会っておしゃべりしたりすると、もうそれを忘れてしまい、帰宅してても無雑作に輪ゴムを外してしまったり、「なんで指に輪ゴムを巻きつけたんだろうか」とブツブツ呟いたりする。

こういう時、自分の身の回りにメモ（もちろんペンや鉛筆も）やハサミを置けば、すかさず新聞や週刊誌・雑誌・パンフレットなどから切り抜きをつくることができるし、メモることが容易になる。これらの道具が手近にないから、通勤の車中で読んだ新聞や週刊誌を、会社に着いたら切り抜いておこうと思っても、会社に到着すれば戦場のような忙しさに巻き込まれ、いつとはなしに忘れてしまう。家へ帰ってから整理すればよいと必要個所を折り込んでおいても、帰宅すれば風呂だ、テレビだで、これまた忘れるともなく忘れてしまう。

私の方法を紹介するなら、いつも私はワイシャツのポケットに赤ちゃんの爪切り用の長さ6センチほどのハサミと数枚のメモとボールペンを入れている。いつでも切り抜いたり、メモするための用意である。自宅のテレビのそばにはメモ用紙とペンを置いてある。テレビで私の頭脳が感応したことをすかさず記録にとどめるためである。トイレにもこの用意がある。もちろん寝室の枕元にも置いてある。オフィスではいうまでもない。

要は情報に接した時、手近に採取する道具がないと、つい「あとでやればよい」とおっくうになることを防ぐためにしているわけである。このやり方で、私はずいぶん気軽に情報を得ている。

52 その情報で誰が得をするかを考えれば口コミ情報の判断ちがいを防げる

犯罪事件ではもっとも犯人らしからぬ人間が犯人であると言われている。また、いちばん得をする人間が、いちばん多く犯罪の動機を持っているとも言われる。すなわち、その事件によって誰が得をするのか、誰が損をするのかということである。

一方、職場には日夜、いろいろの情報がそれこそ時々刻々ともたらされる。直接仕事に関係する情報、その周辺の情報、それに非公式な噂話にいたるまで、私たちは真偽取りまぜてのもろもろの情報に一喜一憂しているのが現状である。

そこで情報に接した時、いったいこの情報で誰が得をするのかと考えることは、かなり正しく情報を判断するモノサシになると思う。特に彼がこう言った、彼がキミのことをこう言っていたなどという非公式な人間関係の情報においては、この尺度でふるいにかけることが大切である。ここで言う非公式な人間関係とは、組織図に基づいて形成された成員関係ではなく、いわゆる非公式関係《インフォーマル・グループ》である。日ごろウマが合う・合わない、親しみが持てる・持てない、相性がよい・よくないなどの関係である。人はそれぞれ互いに個性や好みがある以上、当然の成り行きであろう。そこでこの関係で相互に交わされる日常のコミュニケーション（口コミ）はかなり際《きわ》どいものがある。言うならば料亭やレストランの裏メニュー（隠しオーダー）的な珍味な内容や情報が少なくない。当然、あなたの動静も取り沙汰されている。

したがって、あなたやあなたの周辺の動きに関する情報が口コミでもたらされた場合、すぐ一喜一憂する前に、この情報で誰が得をするかをまず冷静に考えてみる必要がある。

私がある職場にいた時の事件である。突然、怪文書が各人の自宅に送りつけられたことがあった。内容は、トップや私、それに二、三の幹部に対する中傷記事である。発信者は退職した人間（Ｅ氏）の署名になっている。幹部たちはトップを囲んであわてふためき、何日も会議を重ねた。

私はこの文書の発信者はＥ氏ではないと断言した。なぜならＥ氏はこの文書を各人に送りつけても得をすることは一つもないからであった。この怪文書によって最も得をする人間が一人いたのである。いちばん犯人らしからぬ日ごろの言動の男が元凶であった。

一般に、うまい話や、反対にショックを与える情報は人間の常として、つい冷静さを欠きがちである。表面的な現象で喜んだり怒ったりすることは、〝情報仕掛人〟の思うつぼである。ましてや、あなたが喜びや怒りからアクションを起こせば、先方にとっては願ってもない報酬になる。

その情報で得をする人間を洗ってみれば、彼の意図をかなり正確につかむことができる。人間関係が複雑な職場や集団であればあるほど、口コミ情報のフルイわけの仕方が重要になる。

第4章

やわらかい頭をつくる着想

53 〝勘ピュータ〟の使える人間になるには方法がある

世の中には勘がいいと言われる人がいる。たとえば、古参の刑事はピタリと犯人を見破ったり、経験の豊かな車の整備工は機械に触れずに音だけで、その故障の部分を言い当てる。こういう勘の働きを私は〝勘ピュータ〟と呼んでいるが、これは誰でも使えるようになれるもので、工夫のしかたでは仕事の役に立てられるものである。

コンピュータにしても、事前に記録された情報が不足していたり、十分な情報でも誤りがあれば、正しい答えは出せない。勘もこれと同様に、頭脳に何がどれくらい記憶されているか、また仕事やほかの何かにどれくらい関心を持っているかで勘の働き方が違ってくる。しかし、豊かな経験や仕事に対する関心にもまして、感受性の鋭さと豊かさが勘の働きの決め手になっている。

感受性には天分もあるが、自分で身につけることができる。その方法は、身近な人のコトバや身振り表情による自分の感情の働きを観察することから始めるとよい。つまり、これらのことからいま自分はどんな感じを受けたか？　それは良い感じか、悪い感じかというように心の中で自問自答する。これをくり返しているうちに、いま自分は何からどんな感じを受け、どうなってきたかということが自然に心に浮かんでくる。

ここまできたら今度は相手が、いま自分からどんな印象を受けどんな感情を持ったかを観察する。この観察に習熟すると、相手の身振りや表情やコトバなどの、微妙でかすかな変化に気づくようになる。そしてこれを自分が無意識のうちに感じるようになった時、それは感受性が鋭くなった証拠ということになる。

次は感受性を豊かにする方法だが、日常生活の中で、何かをしている時の自分の心の動きに注意する練習をしてみる。たとえば、いま掛け時計の音がどんなふうに聞こえているか？　車の音がしたが乗用車かトラックか？　とか、このプリンターの用紙はどこか引っかかる感じがするが？　ボールペンのタッチが軽いようだが？　などと、五官の感じと心の内側の変化に注意を向ける。

こういう練習をしていると、自分の心の中にもう一人の自分がいるような感じがしてくる。これを心理学では「補助自我」というが、これが無意識のうちに作用して、頭脳内の記憶を操作して意識に何事かを命じる。これを勘の働きというようである。

この勘の働きがそれぞれの仕事に活用できるならば、現在以上に的確で迅速な判断ができるようになったり、仕事上のミスやロスが防止できるようになる。また創造性を必要とする仕事には、特に大きな力を発揮するものである。

54

こうすれば苦手なことが苦手でなくなる

人は誰でも食物、人物、仕事、スポーツなどに苦手なものがある。同じ苦手なことでも私生活上のことなら、「苦手です」、「できません」でもすむだろう。しかしこれが仕事となると「苦手ですから」ではすまないし、苦手のままでは一生、それが成功への障害になる。

なぜ苦手意識があるのかというと、幼児期から成人するまでの間に友人、教師、家族から与えられた不快な体験や、自分が体験した不快な事柄が原因となっていることが多い。たとえば、私の知人は幼児期に腹をこわし、たまたまそのとき牛乳を飲んだという。このことは何の因果関係もなかったのだが、以後、牛乳が飲めなくなったという。

つまり苦手なことというのは先天性のものではなく、後天的に形成されたもので、克服できないものではない。たとえば戦場体験がある人、特に食糧事情の悪い戦場で戦った人たちは、平和なら人間の食べ物にしない物まで食べ、食べ物の好き嫌いがなくなったという人が少なくない。

このように必要に迫られれば、苦手な事柄を克服できる。したがって、仕事上の苦手なことをそのままにしておくのは、自分を甘やかしているのと同様である。

つまり、これは苦手な事柄が克服できないのではなくて、克服しないのである。ということはビジネスマンなら、給料をもらうための義務を果たしていないのと同様である。また、掘れば手にできる地中の宝物を、埋もれたままにしておくのと同じである。

これではたった一度しかない人生を、自分でだめにしているようなものである。だから苦手なことに挑戦するということは、組織への義務を果たし、自分の能力を拡大し、人生をよりよく生きるための努力でもある。

その努力とは、苦手なことを克服する必要性と決意とを自覚して、苦手なことにくり返しぶつかっていくことである。「断じてこれを行えば鬼神もこれを避く」というコトバがあるように、決意してやってみると意外にたやすくできたということが多いものである。

また、結果を恐れず最善を尽くし、1度や2度で期待した結果が得られないことを覚悟して、くり返しやっているといつのまにか苦痛でなくなってくる。

たとえば苦手な人に会って話をするのが死ぬほど苦痛でも、5回、6回と回を重ねて会い話をしているうちに、苦痛も疲労感も次第に減少し、逆にこの人に会うのが楽しみになってくる。

これはほかの苦手な事柄のすべてに共通することである。こうして自分の苦手を一つひとつなくしていくことに、楽しさを感じながら仕事に励んできた人が、現在、成功者と言われる人なのである。

55

硬い椅子に座ることがよいアイデアを生む

Y電機（東京都）の役員研修を役員用の会議室で行ったことがある。フンワリしたソファで、腰をかけると身体が沈みこんでしまう。どうにも研修するムードにならない。こういう椅子では緊張感が出ないのである。たしかにユッタリとくつろぐためにはよいのだろう。だが、机に向かってノートをとったり、講義を真剣に聞くという場面には向かない。私が話しはじめてから30分も経たないうちに、コックリ頭を垂れる人も現われた。

そのために、職場で事務をとる場合の椅子はある程度の硬さが必要とされ、またそうした構造になっているはずである。それは学校の教室における椅子も同じである。たいていは木造で硬く、背筋がまっすぐ伸びるように背もたれのところが直線的な構造になっている。これは学習をするという目的のためには、ある程度の身体の緊張と背筋を伸ばすことが必要だからである。

特に、考える作業と背筋（背骨）を伸ばすこととは関連がある。「脊椎は脳からの指令を全身のすみずみにまで伝える神経のいちばんの幹としてパイプになっている」（松田悦夫著『カイロプラクティック』）のである。

　これで分かることは、頭脳を使うためには背筋をまっすぐにするような椅子が望ましいということである。すると身体がスッポリと沈み込むようなソファは適当ではない。それは睡眠の場合にもいえる。フカフカの敷布団やベッドでは、身体がスッポリと包み込まれて自由に寝返りも打てないので、疲労を癒すのには向かないということは、一般的によく知られている。

　さらに、日本人はネコ背が多いと言われているが、ネコ背とは背骨がまっすぐに伸びていないということだろう。そこで、ネコ背は頭脳にも影響を与えている。それは前述の松田氏も「小学生の児童を調査した結果、ネコ背の子どもには共通して成績不良の子が多いということがデータとして示されていた」と述べられている。

　このように、背骨と考える作業とは密接な関係がある。だから硬い椅子に座ることは身体に緊張を与え、背骨を正しく伸ばすので、よいアイデアを生む可能性があることになる。もちろん、2時間も3時間も硬い椅子に座っていたのでは疲れてしまうだろう。そこで考えに行き詰まった時に座ってみるとよいだろう。

　身体がシャキッとして、身体全体が引き締まるのを感じる。すると不思議なことに頭もスッキリする。そうすることによって良いアイデアが生まれるのである。

　私たちは毎日の忙しい仕事に疲れ、ついダラけた気持ちになりがちである。ダラけた気分からは決して良いアイデアは出てこない。1日に1回は硬い椅子に座ってみることである。

56 スポットタイムは連想トレーニングで活用できる

世はスピード化され、まさに一刻を争う時代になった。こうした時に「時間がない」というのは、現代人の共通な悩みだろう。そこで忙しい現代人にとって必要なのは、「点」のように短いスポット・タイムを活用する方法ではなかろうか。

たとえば交差点での信号待ちの時間、エレベーターに乗っている時間、これらはいずれも1分前後だろう。また電車（列車など）が駅に停車している時間、これなどは30秒停車という場合もある。これらのスポット・タイムを活用するには「連想トレーニング」がふさわしい。

たとえば列車の停車時間ならば、ホームを見渡すと売店が見えるだろう。そこに陳列してある飲料水の「罐」から、「カン」という字を思い出してみる。罐↓乾↓冠↓刊↓間↓感↓巻↓完↓貫……と、あなたはいくつ連想できるだろうか。

また、あなたが交差点で信号待ちをしているとするならば、目の前にあるのは「赤信号」である。次の青信号に変わるまでの短い時間に連想できるものを順番に思い浮かべてみる。赤↓血↓ナイフ↓殺人↓新聞記事となるかもしれない。また「黄色の信号」からは、黄↓キー（key・カギ）↓ドア↓部屋と英語が出てきてもよい。どれだけ連想の幅が広がっていくだろうか。

さらにエレベーターの中なら、各階を示す数字から何を思いつくか考えてみる。1↓位置、2↓荷、3↓酸、4↓詩、5↓碁……とやってもよい。

こうしたトレーニングを続けることによって、ごく短い時間に次から次へと連想する能力が身についてくるだろう。目の前で見たことから何かを瞬間的に思い出すことは「ひらめき」ということではなかろうか。〝ひらめき〟とは「思いつきなどが瞬間的に心の中に姿をあらわす」（『岩波国語辞典』）ということである。そこでスポット・タイムを利用した連想トレーニングは、意識的に「ひらめき」の能力を開発していることになる。

こうした連想能力を十二分に活用しているのが作家の故・井上ひさし氏である。氏は一つのコトバを思いつくと、それに関連あるコトバを徹底的に連想していくそうである。

あなたもスポット・タイムを利用して連想トレーニングを試みるとよい。それが習慣となると、文章を書こうとする時や、会議で発言しようと考えている時、あるいは人との対談の時など、一つのコトバを思いつくとすぐ次のコトバが思い浮かぶようになっているのに気づくだろう。以前よりはひらめきが鋭くなったことを発見するに違いない。

今、あなたはここまで本書を読み終わった。このページをめくるか、それとも大あくびをするか、あるいは本書と関係ない事柄をフッと思いついたか、スポットタイムの到来だ。さあ、どうする？

57

行きと帰りで違った道を通ると新しい発見がある

毎朝通勤に通る道、退社後に家に向かう道、このいずれもあなたはいつも同じ道を通ってはいないだろうか。こうした場合、人間は無意識のうちに最短距離を選び、いつでもその道を通ることが習慣になる。そうすると他の道を通るのが面倒であると同時に、いつもと異なった道を通ると、何となく感じが違って落ち着かないものである。それにひきかえ、通い慣れた道は気持ちが安定し落ち着きを感じる。これは人間というものは本来、安定を好み、変化を好まない性質を持っているからではなかろうか。

たとえば通勤の道筋で車道をはさんで両側に歩道があったとすると、行きも帰りも片側の歩道しか通らない傾向がある。その方が駅に近いなどの理由からである。向こう側の歩道を通るには、信号待ちをして横断歩道を渡らなければならない。時間が余計にかかるし面倒だからである。

ところが、たまに反対側の歩道を歩くと、「オヤッ、こんなところにこういう店があったのか。気がつかなかった」ということがよくあるものである。通常、片側だけしか歩かないので、気づかなかったのである。こうしていつも同じ道を通るというのは、知らず知らずのうちに視野をせばめていることになる。

考えが一方に偏しているのを「あの人の考えは片寄っている」などという。〝片寄る〟とは「真中からずれて、一方に寄る」（『岩波国語辞典』）ということである。毎日、飽きもせずに同じ道を通ることによって、次第に物の全体を見ないで一方だけしか見ない視野の狭い、片（側に）寄った人間になっていくのではなかろうか。

いつも同じ道では新しい発見はないだろう。新しい道を通れば「オヤッ？」と思うような体験をするはずである。そして新しい発見や知識を得られる。それによって情報が豊かになり、頭脳が柔軟になっていくのである。私は実際にいろいろな人に会って感じることだが、話題が豊富で頭の柔らかい人は、「何でも見てやろう」という好奇心が旺盛で、新しい発見や変化を好む性質の持ち主であるようだ。新しい体験（道）を求めてやまないために、常に頭脳が刺激されているので柔軟性を失わないのである。そこには精神の若さがある。

それに反して、いつも同じ道しか通らない人は、常に安定を求め変化を好まないようである。したがって頭脳が硬くなり、精神の老化が早い。新しい道や違った道を通ろうとする気がないということは、もはや老化している証拠ではなかろうか。精神が若ければ変化や刺激を求めずにはいられないはずである。そこで行きと帰りとでは意識して違った道を通ると新しい発見があり、それが頭脳を柔軟にさせていくのである。

58 歩行しながら考えると停滞した思考から抜け出せる

考えるという作業は、通常机に座ってなされるので、「静止した姿勢」で行うことが多い。しかし、考えが次から次へと出てくる時はよいが、やがてどうしても思考が行き詰まり、一進《にっち》も三進《さっち》も進まないことがある。そうした時、普通の人は途中で投げ出したり、イライラしたり……で、考えることをやめてしまう。

ところが、こういう停滞した思考を打破する方法を知っている人は、机を離れて歩きはじめるに違いない。「書斎には歩けるだけの広さがほしい」と言った人がいるが、これは歩きながら考えることの効用を知っている人のコトバである。

では、なぜ歩きながら考えると停滞した思考から抜け出せるのだろうか。それは次のような理由があると思われる。人間の動作は血液の循環と大きく関連している。考える作業も同じである。血液が頭脳に送られてはじめて思考活動が始まる。考えが行き詰まった時は、頭がカッカッとし、首すじや肩が痛くなるのはよく経験することである。要するに「頭に血がのぼった」のである。こういう状態では頭脳の回転は鈍くなり正常な働きをしなくなる。精神の緊張により身体のリズムが乱れ、バランスがくずれたのである。

これを直すのには、歩くのが一番良いようである。なぜなら「歩く」という動作は、一定のリズムに従って「歩を運ぶ」ことである。歩いているうちに正常なリズムを取りもどしてくる。頭にのぼった血も次第にさがって体調が元どおりになる。それによって絡まった思考の糸がほぐれて、新しいアイデアが浮かんでくるのだろう。

ところで考えるということは、非常な精神の緊張をともなうものである。考えることの苦手な人は、この精神の緊張に耐えられないために途中で考えることを放棄してしまう。研修会などに参加しても、ただ一方的に講義を聞き流している研修は疲れないが、討議や発表などのようにみずから考えて参画する研修は非常に疲れを覚えるものである。終了後はグッタリしてしばらく頭を使いたくない気持ちになる。

こうした頭脳労働の疲れは、睡眠によっても癒すことはできない。むしろ運動によって身体を思いきり動かした方がスッキリするので〝積極的休養法〟と呼ばれている。これは運動によって全身の筋肉を使うので、思考活動によって頭脳だけにうっ積した血液を身体の各部分に拡散するのだろう。

そこで、歩行とは運動の一種と考えることができる。歩くことによって停滞した思考から抜け出せるのは、このような生理学的な機能が働いていると思われる。古今の著名な作家で散歩を好む人は非常に多い。彼らは歩行（歩考）の効用を熟知しているからだろう。

59

思考が拡大しない人は私考になっている

自分ではよく考えて書いた報告書でも、第三者が読むと何のことかよく分からないということがある。文章が飛んでいて前後のつながりがない、要するに「一人よがり」なのである。

こうした人を部下に抱えた管理者は大変である。報告書を提出させるたびに、その部下を呼びよせて内容の欠けている面を追求しなければならない。上司「いったい、これはどういうことかね?」、部下「はァ、××××という意味ですが」、上司「それならそう書かなければ分からないじゃないか」、部下「ハイ、以後、気をつけます」と言っても、いっこうに直らず、相変わらず「一人よがり」の報告書を持ってくる人がいる。こういう考え方は「思考」ではなく「私考」になっていると言える。それは話す時にも次のような特徴が見受けられる。「……というわけでアレになっているのです」と、「アレ」「ソレ」というような代名詞を多く使う傾向がある。聞き手にはサッパリ分からない。

つまり、相手に理解させるためにはどういうコトバを選ばなければならないかの配慮ができない。自分はどう感じたか、どう考えたかだけを言うのが精一杯で、相手の立場になって考えることができない。「相手の立場になる」ためには、一度「自分から離れる（切り離す）」ことが必要になるのである。

ところが「一人よがり」の人は、いつも自分の立場から離れることができないようだ。だから文章にしても話にしても、ヒョイと思いついたことを並べるだけなので、筋道を立てて文章にしたり、筋の通った話をすることが苦手のようである。どうしても自分中心の考え方になりがちなので、考え方に広がりがない。「自分を離れて、相手の立場に身を置いて」考えればもっと発想が広がるのだが、それができない。それは長い間の〝思考（私考）の習慣〟がそうさせているようである。

以前は、こうした特徴が特に女性に多く見られたようである。例えば、私の知人のある女性はよく、「私ったらね……」と、自分中心の話題を口にすることがたびたびあった。「そのとき相手はどういう状態や状況なのか」まで考えることができない。「女性は視野がせまい」などと時に言われたのは、このような人は広い世界（環境）を知らないために、こうした考え方の傾向があるのではないだろうか。そこで思考を拡大するためには、

(1)　一人よがりの表現を使っていないか
(2)　代名詞を多く使ってはいないか
(3)　筋道を立てて話す（書く）ことが苦手ではないか

をチェックし、これらの欠陥をなくすことが大切である。

60

声を出しながら考えるとまとまったものになる

「どうしたらいいだろう?」「うん、そうだ!」と、無意識につぶやいていた自分に気がつきハッとすることがある。それは考えに行き詰まった時に多いようだ。考える作業とは、頭の中で自分ともう一人の自分とが対話していることである。

A「これはどうだろう?」、B「いや、それはおかしい」と。A、Bとも自分の分身である。「自問自答」というコトバどおり、自分で問題を投げかけ自分で解答を出しているわけである。通常、この作業は頭の中だけでなされているが、考えに行き詰まった時などは、ついそれが声になって出てしまうのだろう。

それならむしろ堂々と声を出してやってみることである。そうすることによって「考えをまとめる」という作業がより促進されるのではなかろうか。

なぜなら頭の中だけで考えている場合には、おそらくコトバをつかさどる脳を刺激しているにとどまるが、声に出す場合には、口を動かすので運動神経も刺激するだろうし、声を出すことによって自分の聴覚をも刺激する。つまり頭の中だけで考えるより、はるかに多くの脳を刺激し活動させているので、「まとまる」作業がより簡単になると思われる。

それは一人で考えるより三人で考える方が、「三人よれば文殊の知恵」のたとえどおり、よいアイデアが出るのと同じである。私たちの頭脳には約１５０億もの細胞があると言われている。声を出して考えることはより多くの細胞の助けを借りることになるので、頭の中だけで考えているより効果的というわけである。

そこでこうしたことを体験的に知っている人は、次のようなことを実行している。

(1) テープレコーダーに自分の考えを吹き込む

実際に声に出して吹き込む過程で、筋道の通った話になる可能性がある。さらに録音したものをくり返し聞くことによって、自分の考えの落ちている点や辻つまの合わないところを直すことができ、よりまとまったものになる。これは「ひとりごと（外に現われた自問自答）」に記録性（録音）を持たせたわけである。

(2) 他人に話してみる

他人に分かるように話そうとすることによって考えが整理されてくる。さらに相手がその話の内容を批判し、それに答えようとすることによって発想が広がり、よいものになっていく。私はこれを「対話のかけ算効果」と呼んでいる。対話することによって発想がかけ算のように拡大していくからである。こうして「考える」という頭の中の作用を、声を出すことによって他の作用に変えることが考えをまとめるのに必要なのである。

61 感情的表現ばかり使っていると理性が鈍ってくる

「私ね、そういう考え方ってキライなのよ」という言い方をする女性がいる。「キライ」という表現は、自分の好悪感を表わすコトバである。「キライ」というコトバで〝きめつけ〟てしまえば、「なぜキライかというとその理由は……」と原因を解明していく話に発展していくことは、まずあり得ないだろう。「キライだからキライなのよ」と断定してしまう。

もしこれが、「私ね、そういう考え方に賛成できないの」というコトバを使ったとしたら、当然「なぜかというと、それは……」と話がその理由にまで及んでいくに違いない。そこで聞き手の反論に出合い、話を交わしているうちに自分の考えのミスに気がつくことがある。しかし「キライ」というコトバで決めつけたのでは、話の発展にまでは至らない。女性がよく使う感情表現をあげてみると……

「イヤンなっちゃったわ」「くやしいのよ」「頭にきたわ」「まいっちゃったわ」「キタナイわ」……などがある。たとえば次のような会話はどうだろう。「まったくイヤンなっちゃったわ、今ね、こういう人がいたのよ……」という会話は、あくまで自己の〝感情の発散〟だけをしているといえる。

そこでは〝知識の交換〟や〝事実の追求〟には至らないので、こうした会話をいくら交わしても、感情の発散（不満の解消）はできても頭脳の刺激にはメリットはない。感情の発散だけに終わり、「なぜか？」という事実の追求や問題解決がないからである。

同じことがビジネスマンにもいえる。「まったく頭にくるよ、あいつはバカじゃないか」、「カーッとなったよ、あんちくしょう」……などというコトバを常時使っている人は、だんだん理性的な考え方や判断力が鈍ってくるのではなかろうか。なぜなら「課長のやつ、まったく頭にくるよ！」というコトバを使ったとする。そうすると、「なぜそうなったのか」、その原因を冷静に考えることはできないだろう。自分で吐き出したコトバが、自分の怒りに火をつけていくからである。一度でもこうしたコトバで不満を発散させれば、この次に似たようなことに遭遇すると、またカッとなるだろう。

いつも感情的表現ばかり使っていると、理性と感情のバランスが崩れてくるようである。何かシャクにさわることにぶつかると、すぐ感情だけが反応するように頭脳の中の回路ができあがっていくのではないかと思われる。

感情的表現を出さずに「なぜそうなったのだろう。原因は？　その背景は……」と考えていくことが感情と理性のバランスを保つのである。

あなたは感情的表現ばかり使ってはいないと思うが……。

62 毎回座席を変えることで考え方の固定化を打ち破れる

研修会などで受講生の座る位置を観察すると、たいていは第一日目に座った座席に二日目も三日目も座る傾向がある。人間は一度でもその席に座ると馴染む（なれて、しっくりする）のだろうか、なかなか他の席に変わろうとはしない。

ビジネスマンなら誰でも馴染みのレストランや飲み屋があるだろう。そこへ行くと何となく落ち着くからである。外へ出ると自然に足がそちらへ向かってしまう。その中へ一歩入ると、もし混んでさえいなければ、やはり馴染んだ座席を陣取るに違いない。

これは映画館へ入っても同じである。スクリーンに向かって左側にいつも座る人、右側を好む人、また真ん中がよい人と各自好みの座席がある。どこへ座っても映画の内容は変わらないにもかかわらずだ。さらに新幹線などの自由席を利用する場合も同じである。いつも進行方向に向かって左側の前に座る人、右側の後ろに席を占める人……など、自分の行動傾向に一定のパターンがあることに気がつくはずである。

しかしそれが習慣になると、考え方の固定化に陥ることはないだろうか。たとえば、長距離バスに乗ったとしよう。いつも左側に座る人は左側の景色の変化には気がつくはずである。「あそこに新しいビルが建ったな」などと。ところが反対側の変化に気がつかない。ここに盲点がある。また毎回同じ座席であれば、そこから見える景色には見慣れているために珍しくないので、つい不注意から変化を見逃してしまう恐れもある。

そこでこうした欠陥を補うには、たとえどのような場所であれ座席を探す時は、毎回、違った席に座るよう心がけるとよい。そうすると異なった視点から物事を観察できるので、考え方の固定化を防ぐことができる。毎回、座席を変えるということは、たえず新しい変化に対応できる能力を養うことにもなる……。新しい発見に「刺激」されたということである。私たちの頭脳は絶えず刺激を受けてこそ、常に新鮮な考えを保つことができる。新しい変化から受ける刺激が意識や能力を眠らさないでおくのである。

通常、物の見方を変えて違った角度から考えることを「視点を変える」という。これは頭の中だけの作業であるが、実際の行動において「座席を変え」れば、当然、見る角度が変わるので視点が変わるだろう。そうすれば反対側の事象や事実も見えてくる。そうすることで多面的な物の見方ができるようになるに違いない。

そこで毎回「きょうはこちら側に座ってみよう。何か新しい事実が発見できるだろうか」という気持ちで座席を探したい。これが習慣化するとやがて考え方の固定化を打ち破り、柔軟な思考態度に到達していくことになる。

63

左手を使うことが脳を刺激する

人はそれぞれ「利き腕」があるが、圧倒的に「右利き」が多い。私たちが朝起きて夜寝るまでの一日の生活を考えてみよう。起床してまず右手で歯ブラシを使う、右手で髪の毛にクシをあてる。そして右手で箸を使って食事をする……といかに多く右手を使っていることか。まるで右手を「酷使」しているかのようである。左手ももちろん使ってはいるが、それはあくまで添えものである。右手が主であり、左手は従であると言えよう。

左右の手を2人の社員にたとえるなら右手社員は言うだろう、「私をそんなにこき使わないでくれ、左手だっているくせに！」と。一方、左手社員はいつも右手社員ばかり起用されるので右手社員の働きをねたましく思うかもしれない。もっと両手をバランスよく使う方が能率的にもよいと、誰でも漠然とは思っていることだろう。

ところで大脳生理学によれば、「右手は左の脳とつながりを持ち、この脳の部分はコトバをつかさどる。反対に左手は右の脳につながり、この脳の個所は空間を把握する機能を持つ」とされる。さらに「人間一人の脳の細胞は約150億もあり、普通の人間はそのうちの1／3しか使わないで死んでいく」という。

そうすると右利きの人は、右手は頻繁に使っているので左の脳（コトバをつかさどる）は開発されているが、左手はあまり使わないので右の脳（空間把握）はほとんど未開発のまま死んでいくということになるだろう。これは大変もったいない話である。世界中の人びとが限りある地球の資源をどう活用するか躍起になっている時に、自分の頭脳の中にこれほどまでに「眠れる資源（脳細胞）」があろうとは、案外気がつかないものである。

そこで左手を使うことが脳の眠っている部分に刺激を与え、ひいては自分の能力（脳力）を開発することになるので、「左手を使え」と創造工学研究所長の中山正和氏は強調しておられる。もちろん「左利き」の人は習慣的に脳細胞の働きが「右利き」と逆になっていると考えてよい。したがって「左利き」の人は右を使うことがあまり使わない脳に刺激を与える。

そこで食事の時に箸を左手で使うのがよいトレーニングになる。箸を使う時は親指・人さし指・中指とこの三本指が微妙な動きをしてはじめて可能になる。左手で箸を使えれば他の動きも簡単になるだろう。

右利きが多い中にあって、右手と同じように左手も使えればすばらしいことである。そうすることで眠っている脳の働きが活発になれば、能力は飛躍的に拡大するだろう。左手を使うことが発想を豊かにする一因とは、意外に盲点である。さっそく左手を使ってみよう。きっと違った世界が広がることだろう。

64

立って考えると頭脳を明敏にする

かつて、『戦争と平和』の作者であるトルストイの遺品展が東京都で開かれたことがあった。そこにはトルストイが立ったまま原稿を書いたという机もあった。それはちょうどオーケストラの指揮者の使う譜面台に似ていた。

「トルストイは、立ったまま原稿を書いたのか！」と私は強烈な印象を受けた。また『武器よさらば』などの作品を残したヘミングウェイも立ったまま原稿を書いたことを、あとで知った。もちろんこの二人の文豪は、すべての作品を立ったまま書いたわけではないだろう。気分を変え発想を転換する意味でそうしたものと思われる。

では、なぜ立って書いたのだろうか。それは恐らく次のような理由によるのだろう。

私たちがいちばん緊張を強いられるのは「立つ」という姿勢である。立っているためには、身体全部の筋肉を緊張させなければならない。そうしなければ倒れてしまう。すると、立っている→腰掛ける（椅子）→座る（畳）→横になる（寝る）の順にリラックスしていることが分かる。

「考える」作業には精神の緊張がともなう。1時間真剣に考えるとグッタリする。緊張してこそよいアイデアが生まれるといってもよいだろう。その反対に横になってリラックスしている時にフッとよい着想が湧く場合もあるが、これは考えるために緊張したあとの弛緩状態によるものと思われる。

こう考えてくると、「立っている」状態が最も身体を緊張させているのだから、よい考えが浮かびやすいということになる。トルストイやヘミングウェイは長い著作体験から、「立って書く」ことが最良の方法であることに気がついたのだろう。

さらに疲れている時には、座る気力もなくどうしても横になってしまう。こうした時にはとても考えることなどイヤになるのは、誰でも経験していることだろう。まして「立つ」などとてもできない。そうなると「立つ」ことができるというのは、それだけ気力が充実しているからである。だからこそ、よい考えが出るのだろう。

試みに机に向かって考え事をしてみるとよい。夏の午後などは椅子に腰かけていると、足の先から次第にだるさが腰の方へ伝わり、さらに上体へ……やがて眠くなって、とても考えるどころではなくなるのを感じる。要するに「緊張が足りない」のである。

私たちも前述の偉大な作家にあやかって、職場、自宅、電車内……で、たまには立って考える習慣を身につけることが必要ではあるまいか。すると全身がシャキッとしてダラけた気分が引き締まり、頭脳が明敏になるに違いない。

第5章

人を見る眼を養う着想

65 きのうの敵もきょうの友と割り切らなければ目標は達成できない

どこの職場にも相性が悪いとか、仲が悪いなどという人が1人や2人はいるものである。こういう人とは、会うのも顔を見るのもいやなものだ。しかしこれらの人と協力して仕事をしなければならないのが、宮仕えの辛いところだ。それも仕事だからと誰でもが割り切ってくれるならよいのだが、そうもいかないのが人間である。

もしあなたがこういう立場に立ったら、まずあなたから仕事のためだと割り切って、定められた部署を忠実に守ったり、与えられた仕事を一生懸命にやったりすることを人に先立って始めたらどうだろうか。また前述のような相手と組んで仕事をしたり職場全体でのチームワークが要求される時は、つとめて時間をつくって話し合い、目標達成の意欲を高めつつ仕事に取りかかることである。

とはいうものの、むずかしいのは仕事を始めてからのことである。なぜなら人間は、初めに心に飛び込んできた恨みや憎悪感は捨てきれないもので、最初は仕事のためと自分を抑えていても、それがいつ爆発するか分からない。したがって、一緒に仕事をする誰かがリーダーシップを発揮するか、任命されたリーダーがうまくリードしていかないと、仕事が渋滞するばかりになる。

こういった場合のリードは、任命されたリーダーでも難しい。それは、相手がリーダーになったあなたに競争心だけを向けているうちはよいが、途中、何かのはずみで敵意が抑えきれなくなり挑発的な言動をした時、リーダーが公平な扱いをしても納得しなかったり、反抗的になって統制を乱すことが多いからである。あなたはこういう場合こそリーダーシップを発揮したり、学習するチャンスだと思って頑張ることである。これがあなたのリーダー能力を成長させることになる。

そこで相手の挑発に対しては、相手が乱暴なコトバづかいや行為に訴えてきても、それに乗って自分の感情を爆発させるとそれまでの苦労の意味が失われる。だから、できるだけ挑発的言動には逆らわずに受け流し、事柄によっては相手に花を持たせたり一歩譲るようにすることである。あるいは知っていることでも、とぼけて相手に聞いてみることもよいだろう。その答えが的をはずれていても、多少とも自分に得る点や相手によい面があればほめることだ。

こういうことを、急がず焦らず行っていると相手は根負けしてくる。そしてあなたのよい点や実力を認めると、一転してよい友人や同僚になるものである。もちろんこの方法は、任命されたリーダー自身にも同様の効果があることはいうまでもない。こうすることによって結果的に、職場全体やチームの目標達成が容易になる。

66 信頼するなら、外づらと内づら、上づらと下づらの落差の少ない人

人は長ずるにしたがって自我が確立してくる。人との関わり合いで欲求を充足したり、欲求が阻止されて心の中で葛藤したり、トラブルを起こしたり、不満や敵対心を持ったりする。この過程が人生であり人間の閲歴であるわけだ。ところが、いちいち自分の喜悦や悲嘆を顔に出すことは、社会生活上で慎まなければならない。それこそ〝顔で笑って心で泣いたり〟、〝おくびにも出さずに〟生活しなければならないこともある。このシワ寄せが、外づらと内づらの落差となって現われる。

すなわち、いつも外づらでいるのは気骨が折れるから、帰宅した時は喜怒哀楽をストレートに発揮した内づらになる。この落差を妻はみごとに衝くのである。「アナタって人は、ほんとうに外づらはいいけれど、内づらがわるいんだから」と。

この落差は職場内でも見られる。すなわち上役に対する上づら、部下に対する下づら、同僚への横づらである。部下は言う。「フン、課長のゴマスリ見たかい？　常務や部長に見せるあの顔。ニコニコしちゃってサ。あんな顔を一度でもおれたちに見せたことはないよ、な」とか、「彼は下づらはいいが、どうも横づらが良くないね。もう少し同僚間のコミュニケーションを

良くしてくれなければ困るんだよ、な」と言われるのは、この落差が目立ちすぎるからである。

ところが人によっては、いつでも、どこでも、だれとでも、つら構えの変わらない人がいる。「得意泰然、失意端然」とした表情とか、いつも飄々としている人のことだ。上役に歯の浮くようなことは言わないし、同僚や部下にお世辞も言わない。といってポーカーフェイスや能面のような表情ではない。ニコヤカに挨拶もすれば、部下を叱る時と同様の苦虫を噛み潰したような顔で上役にも文句を言う。

こういう人とつき合えば、きっと得るところも多いはずである。何か上役にとってはこの種の部下は、他のゴマスリ部下と違って多少扱いにくい点はあるだろう。毅然とした自分の哲学（？）を持っていることが多いから、この長所を職場の目標に合わせるように育成すれば、すばらしい右腕となるものだ。ただし、外づらと内づら、上づらと下づらの落差の少ない人の中には、どのように相手と適応してよいか分からずに、生地《きじ》（元々の性質）を見せている人もいるから用心しなければならない。もっとも、こういう人はすぐ分かる。妙におどおどしたり、こまかい点で相手への配慮がなかったりするからだ。

結局は、人間の持っている外づらと内づら、上づらと下づら、横づらの二重構造を大きく包む包擁力というか、風通しのよい頭というか、こういう見識で対応することだろう。それが人間関係の知恵ということだ。

67 「平均的人間」にも差があることを知って交際すれば得るものは大きい

毎年5月1日の夕刊を読んで面白く思うことがある。この日はメーデーで、夕刊にはメーデー参加人数が発表されているが、警視庁発表とメーデー実行委員会のそれとはいつも雲泥の相違がある。警視庁発表では23万人となっていても実行委の発表ではそれ以上になっている。すると、発表の平均は両方を足して2で割った数字になるが、この平均数字は正しくない。事実は一つしかないからだ。

ここに平均という考え方の魔術がある。メーデーの場合はともかく、数多いデータや仕事に対してその蓋然性を知りたい場合、私たちはその平均を拠りどころにして安心したり、納得することが少なくない。しかし、平均はあくまで傾向の一つの姿であって、個々の事実を指し示したものではない。ある業界のA、B、C3社の個々の成長率は60パーセント、30パーセント、マイナス15パーセントであっても、業界平均の成長率は25パーセントと報告される。平均というコトバに惑わされると、個々の企業に対して正確な判断はできなくなる。

これは人間にもいえることで、「彼はそうだね、可もなく不可もなくといったところかな」「彼などわが社の平均的人間だろうね」などの平均理論はアテにならないことが多い。

いま2人の社員A、Bがいるとして、2人の成績はいずれも60点とする。うちAは勤務状態70点、人づきあい20点、創造性90点とバラつきがある。Bはこの3つのそれぞれの評価点がいずれも60点なら、平均点も60点である。

この場合、AもBも似たようなレベルの人間だと考えないことである。Bには他人に負けないずば抜けたところがないのに対して、Aは創造性においては社内の5本の指に入っているかもしれないのである。

そこでBと交際する際には、世間並みの交際でよいとしても、Aは創造性のすばらしさが特徴なのだから、彼との交際はつとめてこの面にしぼってコミュニケーションをかわしたり、教えを乞うようにすれば得るものが大きい。

では、どのようにして、誰が何にすぐれているかを発見すればよいのか。周囲の人の人物評や噂話の中に出てくるコトバ——「彼は……だけれど……だ」を注目すればよい。「彼は目立たないけれど、こう思うと一歩も引かないことがあってね」「彼女はきれいだけど意外にケチでね」といった評価のあとの部分がプラスになる点に的をしぼればよい。

つまり、あなたがキレイな女性と交際したければ、前のように評価された女性とは交際しない方がよい。「彼女はケチだけど、なかなかきれいでね」ならよいだろう。人は好意を持ったり強調したい時、文脈の中でウエイトを変える傾向があるからである。

68

小さな施しには大きなお返しがある

「課長、これお使いになるんですか?」

「ウン、いつか使うつもりだから捨てないでくれ」

職場の大掃除などで部下が課長の身辺整理を手伝いながら、珍しい品物に目をつけて尋ねる。使うつもりだなどと言っていた課長は全然使用せず、翌年の大掃除には無雑作に捨ててしまうことが往々にしてあるものだ。部下から聞かれた時に、いとも簡単に、

「ほしいのか? じゃ、やるよ、使いたまえ」

「でも、せっかく課長がとっておかれたものですから」

「かまわんよ、持っていきたまえ」

これで部下はグッと親しみが沸くものである。事は大掃除ばかりではない。昼食に弁当といっしょに持ってきた食後のミカンやバナナなどを隣席の人に、「どうですか、女房が食後に食べろとつけてくれたものですが」などと気楽にすすめてくれる人や、「タバコないんですか? ありますよ、どうぞ」と差し出してくれる人もいるが、反面に食事後、一人で引き出しからフルーツ・ナイフを取り出し、黙々とリンゴなど皮をむいて口にせっせと運んでいる人もいる。

果物など欲しくはないと思っても、「どうですか」と言われて悪い気のする人はいない。その気楽で率直な態度に親しみを覚えるもので、それがキッカケとなり昼休みの雑談に花が咲くこともあるわけである。ミカン半個やタバコ1本は値段にすればタカが知れている。それなのに、こういう小さな施し（プレゼント）ができない人に限って、もらうものはガメつく摂取しようとする傾向があるようだ。

盆・暮に得意先や下請け、あるいは自分が口をきいたところから自分あてに簡単な中元・歳暮が届くと、さっさと家へ持って帰ったり、机の中にしまいこんでしまう人がいる。金額にすれば2千円程度のものである。ところが課・係あてに届いた品物を全体で分けるとなると、当然のことのように権利を主張する。周囲の人は口に出すことは気恥ずかしいから黙ってはいるが、そのシミッタレ根性と交際性のなさにあきれかえるばかりである。

「どうです？」「よかったら食べてください」「こんな切り抜き参考になるかな？」「これキミの方に置いていいよ、使う時、ボクが借りに行くから」などと、相手に小さな親切や喜びを与えることができる人は、やがて相手から大きな世話をしてもらえたり、大きなお返しが戻ってくることがある。

ギブ・アンド・テイクは、相手に負担にならずに喜んでもらえる小さな事柄から始めたいものだ。

69

女性の眼は鋭いことに注意すれば、あらぬ噂を立てられないですむ

女性は往々にして、男性に比べてとかく客観的な見方ができない（重箱の隅をつつくような考え方しかできない）、きびしさがない、臨機応変の処置ができない、変化に対応しにくいなどと言われるが、裏返せばこれらの短所はそれぞれ、こまかいところによく目が届く、やさしさがある、几帳面（規則的な仕事に向く）、忍耐力があるということになろう。そして職場における女性の男性との決定的な違いは、出世意識がない（？）ということだろう。男性のように役付けになりたい、部下を持ちたいということよりも、楽しく働きたいという意識や意欲の方が強い。

このことはゴマをすったり、ご機嫌をとったりして、なんとかお覚えをめでたくしようとする男性に比べて、曇りのない目で周囲を眺めていると言えないだろうか。物事の判断のための純粋なモノサシを持っていると言い切ってもよいのではないだろうか。

したがって、男性同士なら利害関係やら派閥のしがらみで、無理に自分の心をねじまげることがあっても、女性は核心にズバリ触れた鋭い見方をすることがある。いわゆる〝女の勘は鋭い〟ということも、多分にこの点をいうのだろう。礼儀正しくコトバづかいもていねいな男子社員を「気持ちわるい」「なにか親しめない感じがする」と敬遠する女子社員が、荒っぽい動作や

コトバづかいの男子社員に惹かれるのは、「蓼《たで》食う虫も好きずき」といえない面がある。彼女は動作やコトバづかいの奥の、２人の男子社員の人間性をみごとに見抜いていたのである。

自分に対してばかりでなく男子社員同士が、また上役と部下が談笑しているのを聞くともなく、そのそばのデスクで仕事をしながら聞いている女性は岡目八目でもっと冷静に、客観的にそれぞれの「人間」を判断し、価値づけることができるのだろう。

私の知人の経営する中小企業に、定年退職した人（A氏）が第二の人生を歩むべく入社した。知人は専務取締役である。大企業に勤められる身分の人が、わざわざ自分たちのようなちっぽけな会社に将来性があると目をつけてくれたことに、最初は社員たちも喜んだものである。もちろん専務も嬉しい気持ちを隠さなかった。A氏はすべてによく気がつくし、いちばん難点と思われていた人間関係もうまくいっていたからであった。

ところが専務秘書のY嬢と、A氏の隣で仕事をしているN子が、A氏の本質をズバリと見抜いたのである。「Aさんは無理してみんなにゴマをすっている。そのうちにきっと化けの皮がはがれるわよ」と。

案の定、期待したほどの仕事ぶりや、業績をあげないことに他の社員たちが気づき、A氏をうとましく思いはじめたのである。同時に、男性社員たちは、彼女たちの慧眼に恐れいったという。

70 ある程度の摩擦や反対は自分にとって大きなプラスになる

紐《ひも》や綱で吊るした物体を水平に動かすのは容易だが、地面に置いた物体は容易に動かない。これは物体を地面に接触させたまま動かそうとすると、その接触面に沿って一種の力が作用して物体の運動を妨げるからである。この力を摩擦という。だが摩擦に妨げられて容易に動かなくとも、押したり引いたりする力が強ければ必ず動く。力を強めることは摩擦に応じた刺激ということになる。早い話が、摩擦がなければ刺激も起こらない。

もし自然界に摩擦がなかったらと想像してみるとおもしろい。だいいち歩行するにも困難だし危険を感じる。あるいは、ブレーキも利かなくなるから列車や車を完全にとめる手段にも事欠く。

人間世界も同様であって、摩擦や反対があるがゆえに、私たちは考え方や行動の手直しが必要とされたり、それがかえって自分の安全弁になったり、摩擦や反対を屈服させるために勇猛心が生じたり、説得力が生まれるのである。

十人十色の人間は顔が異なるように、すべての人間の欲求や感情や願望はみな違っている。それがグループやサークルや組織をつくって職場生活、地域生活、家庭生活を営んでいくのだから、その人間関係はスムーズにいかないのが自然である。

和気あいあいとした雰囲気を保つことは理想的な姿かもしれないが、一面には、そういう集団では可能性を追求できないのではないか。

ワンマンは自分のしたいことを、したいように遂行しているから、一見すると、幸福のように見える。ところが、ワンマンは自分に反対する者は忌避したり遠ざける。自分に同調する者を重用するから、思い通りに進んでいるかのように思われるが、実は氷の上を滑っているようなもので危険この上ない。

周囲からの摩擦や反対に対して頭脳を使うことをしないから、可能性を追求できないし、創造性も発揮できない。

「ワンマンは自分の能力以上に発展できない」と言われるのも、ここに原因がある。

人の間に在るのが「人間」である。人間は周囲の摩擦と反対の中でいかに適応し、自分を生かすべきかで創造性も生まれ、可能性も開花される。ギズギスした人間関係はたしかに不快なものだが、これを恐れて和気あいあいのみを求めては、より次元の高い人間への完成の障害になる。

摩擦と反対の渦巻く緊張感は個人に若々しさを保たせ、個人と集団の目標達成へのエネルギーになっていることを知るべきだろう。

71 人を批判する時には、自己批判が鈍るものである

「あのセールスマンね、まったくバカなやつだよ……」

「係長このごろ変だよ、ちょっとおかしいんじゃないか」

と人の批判ばかりしている人がいる。人間は他人を批判したり、悪口を言うのが好きである。自分の欠点はよく分からなくても、他人の欠点はハッキリ見えるものである。そして人の批判をする時には快感がある。それは人をこきおろすことによって優越感に浸れるからである。

自分では冷静に、なおかつ客観的に他人の欠点を批判しているつもりでも、その時、自分の心の奥底には無意識のうちに優越感が芽ばえているものである。ここに油断が生まれる。「あいつはバカだよ」と言っている時には、内心は「オレはそんなバカじゃないぞ」という気持ちがある。

こうして他人を批判している時は、自己批判が甘くなっていると言えないだろうか。

あなたの周囲を見渡してみるがよい。いつも他人の批判ばかりしている人は、自分を批判(反省)することを忘れていることに気がつくはずである。だから人から批判されると、すぐカーッとなる。いつも人の批判をしたり、悪口を言っているのに、どうしてちょっとした自分の批判

を受け入れられないのだろうか。

普通の人なら相手を批判する前に、まず自分を顧《かえり》みるはずである。「自分に何か悪いところはなかっただろうか」と考え、その次に「しかし、先方にもこんな悪いところがあったから……」と相手への批判に進むだろう。つまり、自己批判──▶他者批判の順番になるのではないか。

ところが、絶えず人の批判ばかりしている人は、何かあるとまず人の欠点が目につき、「あいつが悪いんだ」と先に人の批判が頭に浮かんでしまう。そうなれば「だから自分のせいではない。自分は悪くはないんだ」となって、自己反省をしなくなってしまうようである。

つまり自己を反省するより先に、人への批判のコトバが頭に浮かぶという〝思考の習慣〟が形成されてしまうのだろう。人間の行為のうち、一度身についた習慣を変えることは容易なことではない。まして〝思考の習慣〟というのは、自分の目で見えるものではない。たとえば「遅刻」という悪い習慣なら、毎日その実態を矯正することができるが、頭脳の中で行われるものはそうはいかない。

そこで、もしあなたが何事によらず、自己反省より他人への批判のコトバが先に出るようなら、そういう思考の習慣を変えなくてはならない。そうしないと自己批判への目が鈍り、自分が何者であるか見失うことになる。

72 笑顔の人に心を許すことが対人関係失敗の原因である

笑顔を浮かべている人に出会うと、つい自分に対して好意を持っていると思い込んでしまう。さらに笑顔の人は好人物で、何を言っても腹を立てない人であると勝手に解釈してしまう。そこで心にスキが生まれ、つい心安く何でも言ってしまい、相手を怒らせて人間関係をこわし、ビジネスにも支障をきたす。

笑顔を浮かべている人は「自分に好意を持ち、好人物である」という一般的な考え方は錯覚ではないだろうか。なぜなら、絶えず笑顔を浮かべている人は、誰に会っても笑顔を見せる習性があるようである。そして笑顔の人は「やさしい人」であるという通念があるが、これはむしろ逆である。それは普通の人間であれば、イヤな人に会えば不快な表情になるし、初対面であれば不安な気持ちがその顔に出る。

しかし笑顔の人は、不快感も不安感も表情に出さず、怒りさえ笑顔に包み込んでしまうのだから、大変、自制心の強い人だと考えられる。だからこうした人は「外柔内剛型」といえる。外見は笑顔があるので、つい柔らかい人で組みしやすいとあなどるが、実際はどうしてどうして意外に頑固なものを持っている。

ビジネスにおける交渉ごとでも、先方の部長が終始ニコニコしていたので、テッキリこちらの味方についてくれたものと思い、これは契約まちがいなしと思っていても、成立しない場合がある。よく先方の事情を調査してみたら、部長会で強硬に反対していたのは、なんとあの「笑顔の人」であったことが分かり仰天する。あの笑顔の部長だけはこちらの味方だと思っていたのに、と歯ぎしりする。これはその部長が終始笑顔を見せていたので、つい心を許し馴れなれしい口をきいたことがわざわいしたり、油断して交渉の際に最後の詰めに手を抜いたことが失敗の原因だったかもしれない。要は、笑顔イコール自分を容認したものという錯覚があったことである。

また他の面から考えてみると、今まであなたに対して不安な表情や怪訝《けげん》な表情をしていた人が笑顔になったとしたら、それはあなたに好意を持ったからと考えてよいだろう。しかし、初めから笑顔を浮かべているというのは好意とは違うようである。それは相手に感じのよい印象を与えようという社交的なエチケットを守っているだけかもしれない。

しかし、このエチケットを実行しようとしても、仕事が忙しい時や身体が不調な時など、笑顔を浮かべるということは大変な努力が伴うものである。そうすると、いつでも笑顔を浮かべられる人は、大変強い性格の持ち主ということになる。だからこそ、笑顔の人に心を許すことが対人関係失敗の原因になるのである。

73 異質の人とのつき合いが発想を広げる

かなり以前のことであるが、組織工学研究所の故・糸川英夫博士が1961～2年に国産ロケット開発に尽力しておられたころ、日本のカッパーロケットを輸入した某国の官吏が、氏に「カッパーロケットで人工衛星を打ち上げられないだろうか」という質問をしたという。専門家の氏に対してシロウトだから臆面もないことを言ったわけだが、糸川氏はハッとなり、そこからヒントを得てラムダ4Sロケットを完成したという。

「シロウトはこわい」とよく言われるが、シロウトは専門家が見すごしていたり、盲点になっている点をこわいもの知らずでピシリと衝く。これをクロウトが謙虚に受けとめた時に、糸川博士のような成功にもつながるのだろう。

子どもの無邪気な発想で爆発的な売れ行きを示した玩具もあれば、主婦の単純な指摘を受け入れて、使いやすいキッチン用品として打ち出した例もある。現代は「モチはモチ屋」と威張っていられるほど悠長な時代ではない。

商売や営業に類さない個人的な交際も、専門家や専攻が違った連中とは付き合わないというのは、あまりにも自分の世界を狭くするものである。絶えずいろいろな方面の人びとと交際することは、数多くのメリットをもたらす。まず第一に、自分の属さない世界を知ることができる。第二に、情報源を多品種なものにする。第三に、そういう人たちからの多角的・多様的なものの見方を身につけることができる……など得るところは大きい。

人間はかなり幅広くものを見ているつもりでも、その性格や職業から得た（あるいは身につけさせられた）モノサシで判断したり価値づけしたりしていることが少なくない。すなわち、「○○臭」とか「△△気質」などが身についてしまうのである。だから同じ世界に属する人、似たような性格の人と交際すれば、ますますその「臭み」や「気質」は強化されやすい。

とはいうものの、今までのこれらの人との交際を中断せよということではない。新しい異質な人と交際するチャンスが生まれた時、「住んでいる世界が違う」とか、「われわれとは合わない」などとお高くとまることがいけないということだ。

むしろ、そういうチャンスが与えられた時は感謝しなければならない。列車に同席して名刺を交換した時、パーティーで主催者から紹介された時、趣味のつどい、地域社会の懇談会など、チャンスはいろいろ多い。そういう人と語り合うことにより、刺激を受けて異質のアイデアや論理に発展することが少なくない。場合によれば、「生きる」ことの意味を異なった角度から教えられることがある。コンピュータの専門家であり、医学の権威者であっても、人生の専門家や権威者ではないのだから。

74 人間関係にケジメをつけなければ人生にもケジメがつかない

定年退職した人が第二の人生として新しい職場で働き出してホッとしたころ、昔の仲間のところに電話して旧交を温める図は少なくない。また、出向先の会社から前の親会社に、やはり何かと用事を作って連絡する人もいる。いずれにしても、新しい同僚たちはその図を見れば苦々しい限りだろう。「彼はまだ昔のことが忘れられない」とか、「一体、どっちを向いて仕事をしているんだ」と。

私は相談に見える人によく「今までの人間関係を全部断ち切ってみなさい」と言うことがあるが、過去の人間関係のなつかしく甘いムードに浸ったままで、それを乗り越えられないようでは、新しい人間関係はできるものではない。老人が進歩しないのも回顧談が多いからだと言う人がいるが、過去の付き合いから離れられないことが老化を進行させているのではないだろうか。

この人間関係の切断は親子の間でも必要である。死とともに親子はいやでも切断させられるが、子どもに対しても、ある時点で切断する必要があるだろう。子どもが結婚すれば完全に親子は生計を分離する。学校を卒業すればもう子どもの面倒を見ないということも、両者の生活の上から必要だろう。子どもが卒業したら親がその就職先を必死になって面倒みたり、会社訪問に親の方が夢中になるなど、いつまでも親子の関係を維持していくことは愛情ではなく、実は最も冷酷なものである。

なぜなら、子どもはいつまでも親の庇護を当てにする結果、精神的に独立できない。いや親の方が子どもの独立を妨害しているのである。こういう親子に、もし万一、不時の事故で親が命を落としたら子どもは自分の生活と役割を、社会にどう問うていくだろうか。もちろん親子の血縁関係や愛情は切っても切れぬものがある。愛情とは、いつも先人や年配者や上位者が下位者を包み込むことばかりではない。突き放すことも立派な愛情である。

私は過去に、いくつかの職場を代えたことがある。そのつど、私の方から旧交を温めようと持ちかけたことはない。先方が接触してくるなら、それはそれで大いに懐しさも感じ、飲み明かしたり、語り明かしたことも少なくない。相談を持ちかけられれば、できる限りのことはした。しかし、私の方から積極的に交際を求めるようなことはしなかった。公的な仕事で営業サイドに結びつくことでも、私は乗り気にならなかった。今の職場の中で、新しい関係をつくることに夢中になった。それが私の職場生活をなめらかなものにすることができた要因となったのである。

人間関係も長い人生の中で何回か「蜕変《ぜいへん》」（セミが脱皮すること）する必要がある。

75 「いつかそのうちに」を口にする人とは深くつき合わない方がよい

「いつかそのうちに遊びに行くよ」

「そのうちにヒマになったらアルバムを整理しようと思っているんだ」

こういうことを口にする人に遊びに来たためしはないし、アルバムは押し入れに突っ込んであり、撮影した写真はそのままクッキーの箱などにおさまっていることが多い。

「機会を見ておじゃましたいと思います」

「仕事が一段落したら、なんとか機会を見つけて一杯やりましょう」

「まあ来年になったらぜひとも……」

あなたのまわりを見まわした時に、こういう人はいないだろうか。こういうことを言っている人が社交辞令で言うなら、それなりの応対の仕方もある。だが相手はその瞬間に心からそう思っていたとしても、気軽にこういうコトバを口に出す人には実行は無理である。心のどこかに「できれば……」という他力本願の姿勢があるからである。

あなたがこういうことを言われて、あなた自身は期待していても結果的にその約束は果たされず、「彼は実際あてにならないヤツだ」と内心怒ったことがきっとあったに違いない。

その時、あなたは怒ることはないのである。そういう相手の人物像を見抜けなかった自分のいたらなさを恥じるべきである。

相手がこういうことを気軽に口にするのは、悪意があってのことではない。「いつかそのうちに」の重みを知らない人なのである。「ヒマになったら」の未来の姿が理解できないのである。あなたも一つや二つ、きっと経験があるに違いない。「いつかそのうち」で2、3年が経ってしまったことを。つまり、本当にそれをしなければならない意欲も衝動もないのである。

「いつかそのうち」「ヒマになったら」を口にする人は、忙しい人よりもヒマな人に意外と多いものである。ヒマ人にはヒマがないのである。だから決めた目標や計画が果たせないし、他人に迷惑をかける。したがってこういう人は、日常の仕事ぶりや人生設計も案外ルーズである。あるいは他のことで彼がキチンとした人なら、あなたにはそれほどウエイトを置いていないということになる。いずれにしても「いつかそのうち」人種や、「ヒマになったら」人間は敬遠するに限る。敬遠するとは一応の敬意を払って、あまり深く関わり合いを持たないことである。

「いつかそのうち行くよ」

「ウン、気が向いたら来いよ」

くらいのあたりさわりのない返事でよい。ヒマな人間とつき合えば、こちらの心もヒマ（空疎）になる。

76 名刺を「印象録」に使って再会を効果的にすることができる

仕事が増えたり公私の交際が多くなれば、必然的に人と交換した名刺は増える。集まった名刺をそのまま名刺整理箱や整理帳にストックしたり差し込んでおくだけなら、人に数多く会う人は1カ月もたてば、儀礼的に交換した名刺の当の相手などはいつ、どこで、どんな用件で会ったかなど忘れてしまう。まして相手の容姿など思い出そうとしても思い浮かぶものではない。まれには1回会った人は必ず忘れないという異常な能力を持つ人もいるが……。

ところが、人間社会はおもしろいもので、いつ会ったかを双方で忘れていても、いつかの機会に得意先になったり、ともに仕事を進めることにもなるケースが少なからずある。

そこで、せっかく名刺を交換したのだから、「袖振り合うも他生の縁」と考えて、先方からいただいた名刺を備忘録や印象録に活用するとよい。自分のデスクや先方を訪問しての帰途の車中などで、いただいた先方の名刺に次のことをそのつど、簡単に記入しておくことである。

(1) 日付
(2) 用件
(3) 容姿

などである。

(4) 印象に残ったエピソード

たとえば、「25・2・4、新製品発表会、中肉中背、メガネ度強し、浅黒、45、無口(陰険)」というように。これは「平成25年2月4日に当社の新製品発表会に見えた顧客になりそうな人で、中肉中背の度の強いメガネをかけた顔の浅黒い、45歳ほどの人物で、無口ないしは陰険とこちらが思った人」ということである。あるいは「26・10・12、管理者研修社外講師、ニコニコ顔、肩凝り激しいという」などと。

あなたが人事課所属なら、来年度この講師を招く時に、名刺をのぞき込み、このことを確認してから打ち合わせの合間の雑談で、「先生、昨年当社にお越しいただいた折、非常に肩が凝るというお話で、私どももいささか心配しておりましたが、その後お身体の方はいかがですか?」と、相手中心に話題を選ぶことができる。先方はおそらく驚くと同時に感激することだろう。そこまで自分を覚えていてくれたのか、と。

ときには次回に会った際、こじれそうになった話も、この初対面の印象記や思い出話によって、相手の心をなごませる役割を果たすものである。もちろん再会後、酒席をともにするならますますこの印象録や備忘録が酒の肴になり、酒席をいやが上にも盛り上げることになるだろう。

77 相手の心を開かせるにはその人のメモリアルを知ることである

人は誰でも〝記念すべき日〟というものを心の中に抱いている。たとえば誕生日とか、結婚記念日、または父（母）親の亡くなった日……などである。タレント（歌手）の場合は、デビューした日がそれである。こうした日には愛着を感じ、それゆえにその数字に特別な意味を込めるのである。たとえば4月5日にデビューしたから、「5は縁起がいい」と思い込む。

ある経営者は自分が15歳の折に母親が亡くなり、翌年の15日に父親も亡くなったので、「わが社は15日を過ぎると業績が伸びる」と信じている。また、あるビジネスマンは、3人の子どもの誕生日をまったく同じ日にしようとして、産み月の妻を激励して予定日をその日に合わせた。その結果、3人とも誕生日は同じである。（もちろん年数は異なる）。

こうして他の人にとっては何でもない日が、その人にとってはかけがえのない日となる。これがメモリアル（記念日）である。

もしこの記念すべき日を、誰かが覚えていてくれたらどうだろう。「あしたは君の誕生日じゃないか、おめでとう」と言われたら、嬉しいに違いない。「この人はそこまで私のことを知っていてくれたのか。よし、この人のためには何でもするぞ！」と思うことだろう。

相手のメモリアルを知って、それを話題にすることは、本人の心の奥に溶け込み一体になるということではなかろうか。だから、自分の記念日を覚えてくれた人のために全力を尽くそうという気になるのである。

この原則を応用して年上の人の心をとらえた人がいる。Ｆ電機（東京都）のＮ氏である。Ｎ氏は自分の部下の誕生日をはじめ、家族構成・趣味などあらゆることを調査して手帳に書き込んでいる。そして毎朝の挨拶でその話題に触れるのである。「Ａさん、おはよう。あしたはお子さんの誕生日ですね、今年は高校の受験で大変でしょう？」などと。こうすることによって、今までどうしてもこちらの言う通りに動いてくれなかった自分より年上の部下が、それからは気持ちよく動いてくれるようになったと私に話してくれた。

自分の記念すべき日というものは、身内やごく親しい者しか知らないのが普通である。そうすると、たとえ他人であっても自分のメモリアルデーを知っている人に対しては、他人事ではなくなり、心を開いていくのではあるまいか。

そこで、できるだけ早くその記念すべき日を知るとよい。しかし、あまりくわしく話題にすることは、かえって相手からイヤミに解釈されるから、そのことをサラリとした話題にすることが、人の心をとらえる秘訣になる。それによって、あなたの人脈は飛躍的に拡大するに違いない。

78 自分を踏み台にさせることが協力を得る秘訣である

鈴木鎮一氏（バイオリンによる幼児の才能教育を開発）は以前、幼児にバイオリンを教える場合、初めに自分の演奏を録音したレコードを聴かせて、「これはオジサンが弾いているレコードだけど、キミはすぐこれより上手に弾けるようになるからね。オジサンより上手にならなければいけないよ」と言い聞かせたそうである。やがて幼児は鈴木氏のコトバどおり、同氏の演奏を上回る技術を身に着けていくとのことである。ここに、自分を踏み台にさせて人の才能を伸ばす秘訣がある。そしてこれは人の協力を得る秘訣にもつながる。

時に、人は他人を踏みつけても自分だけ昇進したり、有名になったりすることを望むものである。そのために他人を利用しようとする。しかしその結果、たとえ昇進できたとしても、周囲から真の協力は得られないことが少なくない。協力するどころか、あわよくば、いつか彼の弱点を見つけてその地位から蹴落としてやろうと狙われることもある。

反対に、「オレの知っていることなら何でも教えてやるから、オレより伸びなければダメだぞ。オレを追い越すようでなければ……」と自分の持っている技術や知識を惜しみなく与える人がいる。自分より部下や後輩が成長していくことに喜びを感じる人だ。

こういう人がひとたび窮地におちいった時には、周囲のすべての人が協力を申し出るはずである。なぜなら自分を踏み台にして伸ばしてあげたことによって、かつての部下や後輩が彼に対して「借り」を感じているからである。それは心理的な負債であり、いつか返済しなければと誰もが考えているからだ。そのために彼がピンチにあると知った時、無償でも協力を申し出ることになる。

こうして自分を踏み台にして他人の成長を援助することは、自分の周囲に「無形の財産」を増やしていることになる。

しかしそうはいっても「自分を踏み台にさせる」ということは、容易なことではないかもしれない。それは誰の心理の中にも、自分の部下や後輩が自分を追い越して成長したり昇進したりするのはおもしろくないという気持ちがある。そこで自分より少しでも才能がある部下や後輩を蹴落としてしまう。「頭のキレる上司のもとでは部下は育たない」というのがそれである。自分より頭がキレる部下がいると、我慢がならず、すぐその才能の芽を摘んでしまうからである。「俺は頭がよくないからな、俺より頭がよくならなければダメだぞ」と部下を伸ばしてやることができない。

逆にこうしたコトバで自分を踏み台にさせることのできる人は、将来のために「協力」という蓄財をしていることになる。

79 人を訪問するのがいやでいやでたまらなくなったら、こうするとよい

普通の人間は利害関係がなかったり心許せる友人を訪問するのには抵抗がない。抵抗がないどころか、訪問が楽しみになる。ところが、ビジネスでの訪問は利害関係が大いにからんでいる。苦情の処理に行くこともあるだろうし、謝罪のための訪問もあるだろう。全権を任された責任の訪問もある。場合によれば所属する会社と自分の自我の「危機」に直面することにもなるから、つい訪問するのがおっくうになったり、できれば訪問しないで済ませたくもなる。ところが、訪問しなければますます事態は好転しないことが分かっているから、ますます焦燥と困惑の中で立ちすくんでしまう。

そこで、訪問前の準備を綿密にすること、初対面なら、できるだけ相手方の情報を仕入れておくことは、かなり有意義なことだが、こういう訪問嫌悪症（?）にかかったら、次のようにすることも心理的にプラスになる。

(1) 訪問嫌悪症の原因をリストアップする

思いつくままに、なぜいやなのかを、どんどん紙に書いてみることである。書き終わったらそれを「事実か」「推測（思惑）か」で一つひとつ消去してみることだ。すると自分が勝手に

つくりあげた嫌悪や恐怖におびえていることが発見できる。

⑵　いざ訪問したら、まっすぐに訪問先に入ってしまう

玄関まで入って、「いま案内を乞うとかえって結果がおもわしくないのではないか」などと逡巡していると、だんだん引っ込み思案になる。嫌悪や恐怖がひどい場合には、車で相手先に乗り入れてしまうことである。車は人間の嫌悪や恐怖にかかわりなく相手先まで運んでくれる。

⑶　先手を打って訪問時間を知らせる

先に相手に何時に伺うと言いきってしまうことである。いやでも訪問せざるを得なくなる。

⑷　椅子には早く座ってしまう

訪問先で椅子をすすめられたら、早くゆったりと座ってしまうことである。すすめられるたびに遠慮がちに辞退していると、そのつど恐怖が深まったり、話が切り出せなくなる。

⑸　差しつかえない程度に大きな声で話す

物おじしたり、自信のない時は声まで自然と小さくなるものである。したがって、逆に大きな声を出すことによって勇気を奮い起こすことである。

⑹　周囲の人に明るく話しかける

目的の人に会うまでに、受付嬢、お茶を運んでくれる女子社員、先方の部下などにつとめて明るく話しかけておくとよい。目的の人に会うまでのウォーミングアップになる。

80

いやなヤツ、苦手なヤツを好きになるには物理的距離を縮めればよい

十人十色の人間だからこそそれぞれいやなヤツ、苦手なヤツの1人や2人はいる。いやなヤツがこちらの癪《しゃく》にさわるのは、自分がいやなヤツと思っているのに、誰も白い目をしてのけものにしようとしないし、そういう人間に限って上役の信任が厚かったり、案外メンバーや近隣の部署から好感を持たれていることが多い。だから、よけいにいやなヤツだと悪感情を持つことになる。

いやなヤツ、苦手なヤツは理屈を通り越してこちらの心に不快感が生じる。人間には快・不快の感情があるが、おもしろいことに快感を感じるもの（人・物・現象など）には心理的にも物理的にも惹きつけられ、不快なものには遠ざかるというメカニズム（心的機制）が働く。また、惹きつけられるから快感、遠ざかるから不快感という機制も発動される。

たとえば女性は草花が好きである。好きだから快感が生じ、快感が生じるから「まァ、きれいなお花」と近寄っていく。男性でも動物好きな人は野良猫、野良犬に対してもそばに寄っていく、だからますます犬猫が好きになる。

このように、心理的距離と物理的距離は相関関係にあるわけだ。つまり、相手に対する心理

的抵抗感は物理的距離で示されるのである。

その証拠に、久しぶりの同窓会では気の合う者同士が隣り同士に座ったり、学校時代などでも好きな課目や講師の授業は講師に近いところに席をとる。反対に、職場において会議や懇談会で自分なりの企画や意見を考えていない時などは、上役の目の届かない席に座って、素知らぬ顔をしていたり、一泡吹かせようとする輩は、相手より遠い席に座って周囲をにらみつけたり、横目で見たりするなどのことはよくあることだ。

いやなヤツ、苦手なヤツの席や位置と遠ざかることが、余計に不快感・焦燥感を助長しているのである。だから、こういう人たちを好きになろうと思えば、自分をわざといやなヤツ・苦手なヤツのすぐ近くの位置に置くことで、不快感の消滅をはかることである。

たとえば、イヤな上役と同席する宴会はつとめて彼のそばに座る。遠くに座るから向こうから大声でからまれるのである。仕事中の打ち合わせでも、顔を近づけて話せばよい。営業マンなら苦手な客・いやな客には他の客を訪問するよりも、その頻度を多くすることだ。また会社を出た時、いちばん最初にその客を訪問することである。相手にこちらから近づくことは優位に立てるし、威圧を与えることになる。

愚連隊がすごみを利かせる時、自分の方から顔を近づけて迫っていくことを考えれば、この原理は理解できるだろう。

第6章

身の回り管理に成功する着想

81

レジャーは文武両道でバランスがとれる

「当社も週休2日制になりましたが、初めの頃はとまどいましたよ。どう時間をつぶしたらよいか、なんとなく手持ちぶさたで……」とT製薬のA課長は以前、私に話してくれた。

週休2日制の普及と、夏季休暇などの長期休暇も一般化され、レジャー（自由な時間）はますます増えている。その増大するレジャー・タイムをどう効果的に過ごすかが各自の最大の課題になっている。（レジャーを「余暇」と言うのが普通だが、「余ったひま」ではなく、「自由に使える時間」とするのが適切であると思う）

そうすると、働く以外に楽しみを持たない人は、その時間に何をしたらよいか分からずに、せっかくの週休2日制もただ苦痛だけが残ることになる。

そこで「趣味を持つことが必要だ」とよく言われる。「趣味」というと、通常は芸事・絵画・音曲・手芸など文化的なものを指すようである。しかしレジャーは、果たしてそれだけでよいのだろうか。

なぜなら、車の普及などから体力の衰えは疑いのない事実である。そうするとレジャーには、スポーツなどを通して体力づくりをはからなければ、健康を維持できなくなってきているのではないだろうか。もし文化的な趣味だけに片寄っていれば、体力づくりに欠け、仕事の上でイザという時に、パワーを発揮できないということも起こり得るのではないか。

こう考えてくると、レジャーの効果的な過ごし方としては、昔のコトバだが「文武両道（学芸と武道）」で初めてバランスがとれる。

ここでは「文（学芸）」が文化的な「趣味」を意味し、「武（武道）」がスポーツ（体力づくり）を意味する。こうして趣味を通じて豊かな教養・繊細な情緒が養成され、スポーツによって体力の衰えを防ぎ、あすへの活力が生まれる。新しい解釈による「文武両道の原則」こそ、レジャーの最もよい活用法である。

活気のあるビジネスマンや、成功した経営者の中には、無意識のうちにこの原則を体得している人がいるようである。ゴルフと長唄の組み合わせであるとか、テニスと油絵……などである。こうして、スポーツで体力づくりに励み、趣味的なことで発想の広がりを得ているのであろう。

さらに趣味的（油絵など）なものは、どちらかというと一人で自分を見つめながら行うものだが、スポーツ（ゴルフなど）はチームで行う要素が多い。したがって、趣味で自分を顧みる時間を持ち、スポーツで対人関係の機微を学ぶという効果もあるはずである。

このように文武両道こそ、もっともバランスのとれたレジャーの活用法だろう。

82 職業による「臭み」はレジャー・タイムで修復できる

同一の職業に長く従事していると、その職業特有の人間性（性格）が形成されるようである。一般的に銀行員は几帳面でどこか硬い雰囲気があるし、営業マンは話し好きでよくしゃべるなどの特性がある。その職業にふさわしい「らしさ」を身につけることは必要なことだが、それが高じると一種独特の「臭み」になってくる。これは職業からくる人間性の歪みといえるかもしれない。

私が以前、病院の婦長（現・師長）研修を担当した時、チームワークを習得するゲームを行い、終了後、討論の結果を模造紙に書いて発表してもらった。その時、「情報の採取が悪かった」という表現があった。「情報の収集」というコトバは普通使うが「情報の採取」とは使わないはずである。婦長という職業柄「血液の採取」などと使い慣れているためにヒョイと「情報の採取」というコトバが出てしまったのだろう。意識して使っているぶんには問題はないが、無意識のうちに出てしまうところに恐ろしさがある。

「人間はコトバで考える」のだから、その職業で使用するコトバで考えたり行動したりしているうちに、発想も片寄り、それがやがてその人の性格になっていくかもしれない。それは次のような例にも見られる。

Ｔ機械製作所の研修を担当した時、「先生、驚きましたよ。同じ会社の社員でありながら、工場の現場勤務者と営業マンでは顔つきや性格まで違うのですね」と研修の世話をしていた日本生産性本部の係員が言った。

なるほど私が受講者を見ると、工場勤務者はあまりしゃべらず比較的無口な人が多く、メガネも黒縁の太く地味なものをしている。一方、営業マンは概して陽気でよくしゃべり、メガネも明るい色の細い縁で垢抜けた感じがするものをかけている。同じ会社の社員でありながら、従事している仕事によってずいぶん違っているものである。もちろん、無口な人が工場勤務を志望したり、外向的な性格の人が営業に配属されたことも一因だろうが。

さて、こうした「らしさ」を通り越して「臭み」になったものは、レジャー・タイムで回復することが必要である。営業マンなら技術者の集まっているような趣味のグループに入ってみる。また、自分とまったく異なった職種の人と触れるような機会をとらえてみる。日常、人と接することの多いビジネスマンなら、一人で黙って取り組む油絵などがよいかもしれない。職業柄、人と接する機会の少ない人は、人の大ぜい集まるスポーツクラブなどがよい。

自分とは全然ちがう異質な環境や異質な人と接触することによって、職業による「臭み」が修復できる。

83

手を使う趣味は脳力を拡大する

外国のある調査によると、弁護士や経営コンサルタントなどふだん頭を使っている職業の人は、レジャー（自由な時間）には、日曜大工や絵を描くなど「手を使う」趣味が多いそうである。手を使う趣味というものは、大なり小なり「創作」の要素を持っている。日曜大工なら工作であり、油絵なら製作というコトバで呼ばれる。

本来、つくる作業というものは頭脳の働きをともなうものである。そして「何をどのように作ろうか」「何をどういうふうに描こうか」と楽しみながら頭を使っている。これらは職場のルーチン・ワークで使っている能力とは別の面の能力である。それゆえ、気分転換にもなって楽しいのだろう。

創作とは「無」から「有」を生み出すものである。工作なら形のない平らな板から、立体的な形を生み出していくだろうし、油絵なら何も描いていない真っ白なキャンバスにあざやかな色彩の人物や風景などを描きあげていく。

これらは考える頭（head）なくしてはできないものである。つくる手（hand）と考える頭との連携である。そこでレジャーに手を使う趣味を持つ人は、手を使うことによって頭脳を休みなく働かせているといえよう。

反対に日ごろから頭を使わない人は、休日でもゴロ寝やボヤーッとして頭を使わない傾向がある。頭を使わないから、ますます頭が働かなくなるという悪循環をくり返している。

試みに、あなたは一日どのくらい頭脳を意識的に使っているか振り返ってみるとよい。朝起きて歯をみがき顔を洗う、朝食を摂り服を着て……と、これらの動作は習慣化されて無意識のうちに行われるので、強いて頭は使っていないといえる。さらに毎日同じ時間に電車に乗り、同じ道を通って出勤する。そのうえ職場ではいつもと同じような書類に目を通し、ハン（印鑑）を押すという生活（あるいはパソコンなどで同じ機械操作をする）であれば、そこには意識的に頭脳を使うことはないだろう。習慣が、頭を使わなくても無事にこれらの物事をさせているのである。

そこで無意識になされているこれらの習慣に、頭を使うことを取り入れなければならない。そのためにはレジャーに「手を使う」趣味を持つことだ。

絵を描くのもよいし、部屋の中の不便なところを直してみるのもよいだろう。そうすると、毎日の習慣化された生活から、回転を停止していたあなたの頭脳は作動を開始するだろう。

「手は第二の頭脳である」といわれているが、手を使った結果、あなたの頭脳の回転がよくなったことに気づくだろう。

84
やさしくされたりいたわられたりすることは、当てにされていない証拠

古い話だが、毎年春闘のころになると週刊誌がとりあげる笑い話がある。それは交通麻痺の道路を歩いて出勤しているらしい会社員風の男性に、新聞記者が「どちらからおいでになって、どちらの会社へご出勤ですか、だいぶ重要な仕事をしていらっしゃるのですね」と質問すると、「欠勤してもよいのですが、そうすると私が会社にとって必要のない人間だということが分かってしまいますので」という答が返ってくるという内容のものである。

いうまでもないが、スト（ストライキ）中でも出勤する人の中には、これも仕事だ、義務だと思っている人もいれば、本当に重要な仕事のための人もいる。ところが会社から迎えの車を出すからとか、前夜からホテルなどに宿泊して出勤して欲しいなどと言われるとブウブウ不平をいう幹部がいるが、心得ちがいもはなはだしい。これは会社側が幹部をあてにし重要視しているからこそ、多大の費用をかけてもこういう処置をするのである。それに対して不平を言うのは、自分で自分の価値を否定しているのと同じである。

こういうことはストの時だけではない。あなたに対して「風邪をひいたのか、そう、じゃあ、早退してゆっくり休養したまえ、なんなら2日、3日休暇をとるといいよ」とか、「あの仕事

がうまくいかなかったのか、まぁしょうがないだろう。部長にはぼくからお詫びしておくよ」などと言われたり、「この仕事はしたことがないから無理だというのか、それでは他の者にやらせよう」というのは、あなたを重要だと思っていないか、当てにしていないかのどちらかだろう。そしてこういう上役を、よい上役を持って幸せだと思っているなら将来性がないと思ってよい。このような上役の下で働くことは不幸だと思うべきである。

このことは、あなたが会社にとって重要な人物であったり、見込みがあると思えばこそ、少しぐらいの風邪やストでもぜひ出勤せよと指示するものである。こういう人には会社側は、休暇を取ろうとすれば渋い顔もするし、仕事についても「できません」とは言わせないし、失敗に対しても他人より以上にきびしい叱責が飛ぶのである。

昔から「かわいい子には旅をさせろ」というのも、旅先での苦労によって人間的に成長することを願う親心なのである。また古いことわざに、「朽木彫るべからず」というのがある。腐った木には彫刻はできないし、薪にもできないということである。

あなたを役立たずの人間にしたくない気持ちがあるから、上役はしごくのである。人間と生まれて誰からもあてにされない毎日を過ごしていたなら、どれほど豪華な生活をしていても、そういう人生は、胸のなかに木枯らしが吹き抜けるようなわびしさとみじめさを持つことだろう。

85

神経を鎮めるには強烈な音楽で頭脳の回路をズタズタに断ち切るとよい

私たちの神経や心は色彩や音響の刺激によって興奮したり鎮静したりする。たとえば、同じ大きさのコップ2つに同量の湯を入れ、一方には赤インク、他方には青インクを入れて赤色、青色にしておいて、指を1本ずつ突っ込んでみると、赤い湯の方が一般的に暖かいと感じられるものである。2つのコップが同温度とは知らない第三者なら、確実に赤いコップの方が温度が高いという。これは、温度感覚が色に影響されて、心理的には異なって感じられるからである。

色彩心理学の研究によると、赤系統の色は暖かな感じを、青系統の色は冷たく寒々しい感じを与えることが確認されている。また赤系統は膨張的感覚を、青系統は収縮的感覚がある。だからふとった女性は赤系統のドレスやブラウスは着たがらないし、青いスーツを着ると男性はいわゆる着やせして見えるのである。

音響、音楽にもこういう心理的影響を与える因子がある。そこでBGM（バック・グラウンド・ミュージック）によって労働中の倦怠感や不安定感、能率低下を防いだり、音楽療法として鬱《うつ》病には短調または悲しい音楽を、躁《そう》病にはテンポの早い音楽が使用されたり、患者の不安解消に役立たせるため歯科治療でＢＧＭが流されたりする。

ちょっと神経が緊張すると、便秘や下痢を起こすことは経験ずみの人が多いだろう。それだけに特定の音楽によって神経が休まることは一石二鳥の効果がある。神経や内臓ばかりでなく、頭脳の疲労も音楽でかなり癒すことができる。

私は、オフィスで原稿のアイデアが出ないでイライラしている時、雑用や来客応対で神経が高ぶっている時、部下たちと激しくディスカッションしてカッカと頭に血がのぼった時、一つの講演が終わって次の講演先に行く時など、興奮した頭脳を鎮める必要があると感じることが多い。その時、人はスローテンポの静かな音楽を聴いて神経や頭脳を冷静にしようとするだろうが、私はテンポの早い強烈な音楽を聴く。

オフィスなら隣室の研修室にこもりカセットレコーダーのボリュームを最高にあげて、ガンガン響きわたる音量で高ぶった神経や頭脳に残っている先ほどまでの残像や回路を一挙に断ち切ってしまう。家庭ではステレオで行う。妻にはちょっと迷惑だろうが、この方が静かな音楽を聞くより効果的なのである。すなわち、頭脳や神経は休まるのである。

これは音楽心理学的にも「同質原理」（iso-principle）と名づけられた効果的な方法なのである。気分や精神テンポに一致した音楽を使用することが効果的であることが、実験的にも確かめられているからである。

86 通勤時間も使いようで体力増強になる

ビジネスマンは朝・夕の通勤時間をどのように使っているだろうか。まず、家から駅（駅から家）までの道をゆっくり歩く人、かなりのスピードで歩く人、あるいは自転車やバスを利用する人などさまざまである。

さて電車やバスに乗り込んで、車内ですぐ吊革につかまる人、扉のそばに寄りかかってしまう人、空席がないか虎視眈々とねらっている人など、千差万別の光景が見られる。そして吊革につかまったり、寄りかかっている人は、ほとんどがスマートフォンを操り、座席に座れた人はそれ以外に居眠りしている人も少なからず見受けられる。

1時間内外の通勤だからどのように使おうと自由だが、同じ時間を費やすなら「体力増進」法を通勤時間に取り入れてみるのも、運動不足におちいりがちの〝通勤族〟には重要な課題だろう。

あるスポーツ医学の権威は「マラソンする時はゆっくりと、歩くのはたとえ散歩でも速い方が体力を増すにはいい」と言っている。もし通勤区間で「歩く」ところがある人は、ぜひ足早に歩くことをお勧めしたい。速く歩くといっても標準がなければ実行しにくいと思うので、参考に述べてみよう。

それは、１分間に１００歩以上の速さが適している。職場で体力検定を受けた人は、その時の体験を参考に生かすことである。その歩き方は陸上競技の「競歩」の要領で速く歩くのである。競歩とは、「後ろの足が地面から離れる前に、前足を地面につけなければならない」歩行のしかたである。要するに走らないことが原則になっている。両足が地面から離れないようにして、速く歩くことである。

この「歩く」ことの効果については、医者は「日常あまり使わない膝の裏側の筋肉とか、ふくらはぎに刺激を与えるから、それによって老化を防ぐ」と言っている。あなたも今日から、力強く歩くことによって常に体力増進を心がけることを勧めたい。

さて、次は通勤電車の中で、できるだけ正しい姿勢で立っていくことが体力増進になる。というのは「立つ」ことが、人間の腰や脊髄にいかによい影響を与えるかが医学で立証されているからである。腰骨にかかる重力は〝あぐら〟〝腰かける〟〝立つ〟の順で、負担が減少していく。体重70キログラムの人が立った場合は、腰にかかる重力はあぐらの半分で10キログラムだという。

立つ姿勢は「ぎっくり腰」の予防にも役立つ。ビジネスマンの資本はまず体力からといわれるが、体力の増進は通勤時間の中でもできる。

87

エレベーターを使用しないことが体力づくりに役立つ

人間の一生でいちばん体力が盛んな時は20歳代の前半で、それをピークに体力は次第に衰える一方だといわれる。そして衰えは40歳を過ぎるとさらに顕著になり、いちばん初めに足に衰えを感じるという。だから衰えの急激な40代に足に関心を持たずにいると、加速度的に脚力は落ちていくと言えるだろう。

足が健康のバロメーターであることは、誰でも知っている。その証拠に、私たちの周囲でアスレチック・クラブに通ったり、自宅付近の道路でジョギングや縄跳びを行っている人が多い。しかし、それらのために時間を生み出せる人はまだよいとして、仕事の関係で多忙なためにジョギングなどできないビジネスマンも多い。

このような忙しいビジネスマンのためにぜひすすめたい体力づくりがある。エレベーターを使わないで階段を歩く方法である。これを実行すれば、階段はまたとない運動用具になる。

階段についてはこんなアンケートがある。東京都の40代職員（管理職かまたはそれに近い年代）を対象に健康調査をした中で、駅の階段を例に質問したものである。

「あなたは駅の階段を駆けあがったあとに息切れがし、しばらく呼吸の乱れが続くか」という質問に対して、23パーセントの人が「イエス」と答えたのである。40歳代が仕事や体力の点で息切れするようでは情けないではないか。

私たちはエレベーターに依存しがちの日常だが、エレベーターを使わずに階段を昇る時、駆け足が体力づくりに役立つ。前述のアンケートにあったが、駆け足のあとの息切れによって体力の目安が分かるというものである。

昇り方としては次の３つのパターンがあるので試してみるとよい。

(1)　意識的に普通より速く昇る
(2)　１段ずつ駆け足で昇る
(3)　２段ずつ駆け足で昇る

さらに階段を降りる場合には、１段ずつ速く降り、口の中で1段ずつ数えながら降りるとよい。それは数えることで階段を踏みはずすことを防ぐからだ。

階段の昇り降りによる肉体への運動効果は、「膝関節の血のめぐりをよくし、足の筋肉の緊張と弛緩により脚力を増強する」ということが医学的に分かっている。

だが階段を昇るのはおっくうなことである。しかし、３日、１週間と続け、苦しい時期を通り越せば、昇ることが習慣になり、階段を見ると挑戦したくなってくる。山岳クラブでは、階段を登山訓練に使っている。階段を価値ある運動用具としてあなたも活用することだ。

88

母親と妻の緩衝地帯になれない夫ではよい仕事はできない

姑が壮健で口達者、しかも嫁が勝気で才走り弁が立ち、そのうえこの二人の仲がよくないとあっては、家の中は大変だろう。せめてどちらかが賢ければこじれた感情も互いにうまくさばくだろうが、二人とも小利口ときては処置なしである。こういう家庭であなたが母親べったりか、女房べったりかにかかわらず、妻と母親との間をうまく斡旋しないと、家の中は地獄の様相となる。これでは、あなたは後顧の憂いなく仕事に励むことはできない。そこで母と妻を仲よくさせる方法を述べてみよう。

まず母親から取りかかろう。母が妻の悪口を言ったら次のようにする。

母「○子は食事のあと片づけがのろいし、よく物をこわすねえー、それに私が何か言うとすぐフクれるんだよ。それに……」

夫「そうですか食事の……よく物をこわす……それで○○○と言うんですね」

というように母の話を要約してオウム返しにあいづちを打つのである。途中のあいづちは普通の会話のあいづちでよいが、まちがっても、その話が正しいとかまちがいであると言ってはならない。なお、この場合、できるだけ妻を同席させないことである。妻の話を聞く場合でも同様にする。

このように何回も話を聞いてもらった母親と妻は、話しながら自分の誤りや相手の正しさに気づいてくる。またこの二人が言い合いや口論を始めた場合は、あなたは司会者になり公平に話をさせる。双方が感情的になったら、なだめたり飲み物を出してムードをやわらげ、言いたいことを全部吐き出させてしまう。

ただし、どちらの言い分が正しいという判定をしないことだが、どうしてもという時は、一応、母親に花を持たせてその場を収める。

このあと妻と二人だけの時にあなたが母親に代わって謝罪し、これからも母親を立ててくれるように依頼すること。また、あなたから母が妻をほめていたことを具体的に話す。そして母親と二人だけの時に、妻が母の○○のことで感謝しており、○○の点をほめていることを話すのである。このほめるところはそれぞれに対して、あなたが日ごろ良いと思っていることや、本人たちがほめてもらいたいと思っている点をほめればよい。

さらに、あなたの母（父）が老齢で特に妻に格別の面倒をかけているなら、あなたは妻に感謝することを忘れてはならない。また、妻をこれまで以上に大切にすることである。そうすれば、あなたが妻を大切にする度合にしたがって、妻は母（父）を大切にしてくれるだろう。こういう努力の積み重ねが、妻と母親との仲を次第に良いものにしていく。

89 妻を操縦できないようでは部下を持つ資格はない

ジェット機や宇宙ロケットの操縦にくらべれば妻の操縦は遥かに楽なものだろう。とはいえ、やはり自然の法則に反したのでは成功しない。ここでいう操縦とは妻への裏切り行為をごまかすためのものではなく、妻を自分に協力させるという意味であるが、その方法は次のとおりである。

(1) 妻に愛の表現をする

このタイトルを見てあなたは「いまさら何を」と言うだろう。大正や昭和生まれの夫婦ならともかく、昭和2ケタ後半以降生まれの夫婦でも、妻に対して「愛している」というコトバを口にしない傾向がある。妻を心から愛していても、それを表現しないのが日本人の悪いくせである。プレイボーイに言わせると「愛している」というコトバを100回言うと、どんな女性でもよろめくという。こう言うとあなたは「言わなくても女房は分かっている」と言うだろうが、それでもコトバや態度で示してほしいのが女心なのである。また妻は夫を愛している限りどこへでも、どんなことでもついてくるものだ。

(2) 仕事を理解させる

内容が企業秘密に関することならともかく、普段から自分が今どんな仕事をしているか、どんな状態でいるか、会社の景気はどうかなどのことぐらいは話しておくことである。そうすれば、残業、出張、転勤などの場合にも快い協力が得られる。

(3) 妻の話の聞き手になる

妻には夫の知らない妻の苦労がある。ときにはその話を、たとえそれがくだらないと思うことでも真剣に聞く。私の調査では、妻にとってそれが何物にもまして嬉しい夫からの贈り物だということであった。

(4) ときには意識して馬鹿になる

人によっては職場ばかりか家庭でも、肩ひじ張って偉ぶる人がいるが愚かなことだ。どんな偉人でも、母や妻から見ればただの男にすぎないものである。そうだとすれば、こんなことをするよりも、妻に対して甘えることや時にはおどけて馬鹿になってみたり、ミスや約束を破った時は深く詫びることだ。そうすれば、かえって妻の信頼や愛情は強いものになる。

こう述べてくると、「それはみんな自分がしてもらいたいことだ」と言うだろう。これはその通りである。これらのことをあなたが欲しているように、妻や多くの部下があなたにしてほしいと思っていることである。あなたのこうした努力が基盤となって、初めて妻や部下もあなたに協力するようになる。

90 家庭は終着駅ではなく成長への過程である

家庭を持つとダメになるビジネスマンがいる。それまでは仕事一途に打ち込み残業もいとわなかったのに、家庭を持った途端に以前のような仕事への気迫がなくなり、退社時間になると、寄り道もしないでひたすら家路を急ぐ、いわゆるマイホーム社員になってしまう。

家庭を大切にすることはもちろん必要だが、いわゆるマイホーム社員になると、いろいろな欠陥が出てくるようである。たとえば一例だが、マイホームを第一に考えるあまり、社内・社外を問わず付き合いも敬遠するようになるので、情報も片寄り視野が狭くなった人がいる。その結果、仕事への覇気がなくなり、考え方も冒険を好まず保守的になる。家庭という安住の地を見つけたために、その人の成長が止まってしまったと言える。家庭を持ったために仕事へのやる気を失ったのなら、企業にとっては大きな損失である。

同じことが女性にも言える。結婚するまでは何事にも積極的に取り組み、本もよく読み、身だしなみもキチンとして魅力的な女性であったが、結婚して家庭中心の生活になるとガラリと変貌する人がいる。本はおろか新聞も読まず、身なりもかまわず、見るのはテレビだけ、することはゴロ寝というありさまである。家庭というぬるま湯にドップリ浸かってしまったのである。さらに、結婚後3年も経つと、かつての「魅力ある女性」が「だらしない主婦」へと変身していく。結婚という目的地にゴールインしたから「もういいのだ」という気持ちが、女性を変えていくのだろう。

こういうビジネスマンや女性に共通していることは、「家庭こそ人生の終着駅である」という考え方ではなかろうか。だから結婚するまでは、仕事にも打ち込み自己の能力を向上させるために、読書をしたり身なりにも気をくばったのだろう。ところが、家庭を持ったらやめてしまったというのは、そこが終着駅であると考えている証拠である。

一方、家庭を持つことによってますます自己を成長させていく人がいる。たとえば日常の妻の何げないコトバや行動から、女性の考え方や特徴を学び、それを職場における女子社員の管理に役立たせるビジネスマンである。

逆に自分の考えや意見を夫に話し、アドバイスを受ける女性もいる。一般的にいって個人差もあるが、男性の方が広い視野で物事を考えることができると言われているので、夫のアドバイスによって自分の考え方の狭さを認識し、より広い考え方を身につけることができる。お互いの存在が切磋琢磨につながっているのである。こうして家庭を持つことで自己を成長させたり、魅力的な女性がさらにその魅力に磨きをかける人も少なくない。

これらはいずれも「家庭こそ成長への過程である」ことを実証している。

〔著者紹介〕

坂川 山輝夫（さかがわ・さきお）

1927年生まれ。国立電気通信大学・中央大学卒業。

エンジニア、営業マン、業界紙記者、国家公務員を経て、68年（株）現代コミュニケーションセンターを設立。数多くの企業・官公庁の研修を担当。聴衆を絶対眠らせないと定評がある。

著書に『部下の能力を引き出す上司の一言』（大和出版）、『部下を叱れる人叱れない人』（ブックマン社）、『巧みな「ノー」が言える本』（成美堂出版）、『講義・講演の話し方』（同文館出版）、『「いとこ会」やってますか？』『新入社員研修に成功する100のツボ』『仕事の「言葉上手」になる99の秘訣』（以上、太陽出版）など、160冊がある。

［現住所］埼玉県さいたま市浦和区領家5-8-1

頭をやわらかくする本
一歩先を歩く90の条件

2015年2月15日　第1刷

〔著者〕
坂川 山輝夫

〔発行者〕
籠宮良治

〔発行所〕
太陽出版

東京都文京区本郷4-1-14　〒113-0033
TEL 03-3814-0471　FAX 03-3814-2366
http://www.taiyoshuppan.net/
E-mail info@taiyoshuppan.net

〔装幀・DTP〕宮島和幸（ケイエム・ファクトリー）
〔印刷〕シナノパブリッシングプレス
〔製本〕井上製本所

ISBN978-4-88469-833-1

仕事の「言葉上手」になる99の秘訣

坂川 山輝夫 著　　定価（本体1,400円＋税）

マイナスの言葉ぐせを直せば仕事の人間関係はもっとうまくいく！

同僚同士、上司と部下、自部署と他部署などにおける
日常の業務・会議・交渉・指示・報告・親睦など
あらゆる場面に対応できる99の「言葉上手の秘訣」を公開！
誰もが無意識に口にしがちな「マイナスの言い方」をやめて
プラスのコミュニケーションスキルをアップさせよう！

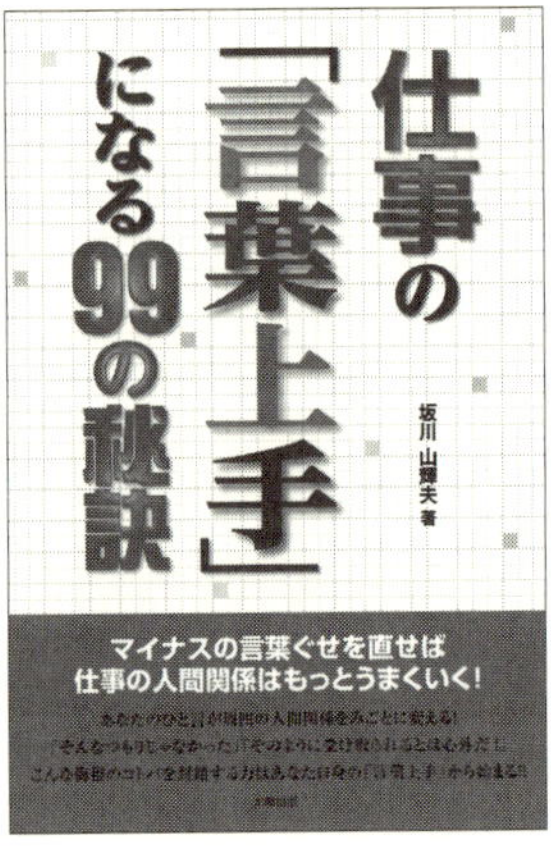

1章　「気のきいた一言」で仕事は何倍もやりやすくなる！
2章　「説得」上手と「交渉」下手―自信はどこから生まれるのか
3章　ここで大差がつく！ 人を動かす「依頼」と「指示」のルール
4章　人間関係が一変する「ほめ方」「叱り方」の技術
5章　こんな言葉で「報告」「提案」の評価が違ってくる！
6章　「会議」「根回し」で言ってはならないこと、言うべきこと
7章　あなたの「器量」はこんな一言にあらわれる！

新入社員研修に成功する100のツボ

坂川 山輝夫 著　　定価（本体 1,400 円 + 税）

御社の新入研修、これで万全!!
他社に絶対に負けない
「将来の戦力」の育て方

数多くの企業・官公庁の研修を担当した著者が伝授する
新入社員教育実践マニュアル！
会社にとって本当に必要な能力を確実に育てるためのコツを
100個厳選！

1章　どうする？　新入社員研修
2章　入社前研修（内定者フォロー）のあり方と実践
3章　集合研修の工夫と効果的な実施方法
4章　研修事務局は受講生を「お客様」にするな
5章　社外講師の頼み方、選び方、使い方
6章　配属後指導（配属後研修）の仕方
7章　アフターケアを怠りなく——さらに成長を期待して
〔付〕新入社員年度別タイプ

「いとこ会」やってますか？

坂川 山輝夫 著　渡辺家系いとこ会 編　定価（本体 1,500 円 + 税）

友だち以上・兄弟未満の人間関係「いとこ会」のつくり方と運営法

いま、「いとこ会」が面白い!!
何でも話せる、懐かしい人たちとの肩の凝らない集い。
どのようにつくり、どう運営すれば永続できるか――
多くの成功・失敗例を取り入れた本書で、
あなたも楽しい「いとこ会」がつくれる!!

1章　親子タテ、兄弟ヨコ、いとこはナナメ関係

2章　いとこの悲喜こもごも

3章　あなたと私の合い言葉 いとこ会で逢いましょう

4章　みんなで“いとこワールド”を盛り上げよう

5章　渡辺家系いとこ会プロフィール